HISTOIRE
DES IDÉES MORALES ET POLITIQUES
EN FRANCE
AU DIX-HUITIÈME SIÈCLE

OUVRAGES DU MÊME AUTEUR :

La morale dans la démocratie, 1868, 1 vol. in-8 de la *Bibliothèque de philosophie contemporaine*. 5 fr.

Œuvres complètes de Kant, traduites en français, avec des Introductions analytiques et critiques. Paris, 1846-1869. 9 volumes ont déjà paru, comprenant, avec les trois *Critiques*, tout l'ensemble de la morale de Kant.

Considérations destinées a rectifier les jugements du public sur la révolution française, précédées de la Revendication de la liberté de penser auprès des princes de l'Europe qui l'ont opprimée jusqu'ici (1793), par Fichte, avec une Introduction du traducteur. Paris, 1859, 1 vol. in-8.

Les martyrs de la libre pensée. Genève, 1862, 1 vol. in-18. 3 fr. 50

Histoire des idées morales et politiques en France au XVIII° siècle. Paris, 1865-1867, Germer Baillère. 2 vol. in-18 de la *Bibliothèque d'histoire contemporaine*. 7 fr.

Tome Ier (Introduction.—L'abbé de Saint-Pierre.—Montesquieu.—Voltaire).
Tome II (Jean-Jacques Rousseau. — Diderot. — D'Alembert).

Napoléon Ier et son historien M. Thiers. 1869, Germer Baillère, 1 vol. in-18 de la *Bibliothèque d'histoire contemporaine*. 3 fr. 50

Napoléon Ier. Édition populaire, 1 vol. in-18. 1 fr.

Manuel Républicain, 1872, 1 vol. in-18. 1 fr. 50

POUR PARAITRE PROCHAINEMENT :

Kant, Prolégomènes a toute métaphysique future, suivis de divers petits écrits qui se rattachent à la *Critique de la raison pure*, avec une Introduction du traducteur contenant l'examen de cet ouvrage. 1 vol in-8.

Les écrivains hommes d'état, promoteurs ou coopérateurs de la révolution française. 1 vol. in-8°.

Ce volume formera la dernière partie de l'*Histoire des idées morales et politiques en France au XVIII° siècle*.

Coulommiers. — Typ. A. MOUSSIN.

LES
MORALISTES
FRANÇAIS
AU DIX-HUITIÈME SIÈCLE

PAR

JULES BARNI

PROFESSEUR HONORAIRE A L'ACADÉMIE DE GENÈVE
DÉPUTÉ DE LA SOMME

VAUVENARGUES — DUCLOS — HELVÉTIUS
SAINT-LAMBERT — VOLNEY

PARIS
LIBRAIRIE GERMER BAILLIÈRE
17, RUE DE L'ÉCOLE-DE-MÉDECINE
—
1873

AVANT-PROPOS

Le présent volume forme le troisième tome de *l'Histoire des idées morales et politiques en France au* XVIIIe *siècle*, dont les deux premiers ont été publiés en 1865 et 1867. Il reproduit, comme les deux précédents, un cours professé à Genève pendant l'orgie impériale. Seulement, tandis que le cours contenu dans les premiers volumes avait été fait pour l'auditoire de l'Académie, celui-ci, résumant mon enseignement académique, a été professé (en 1867), comme *les Martyrs de la libre pensée*, comme *Napoléon*, comme *la Morale dans la démocratie*, devant le grand public de ces cours du soir que la République de Genève fait donner chaque hiver. Il constitue ainsi, sous une forme populaire, un tout qui se détache de mes précédentes leçons sur le XVIIIe siècle, mais qui en même temps peut en être considéré comme la suite. C'est de la même manière qu'a été traitée la série qui doit clore tout ce travail et qui est consacrée aux écrivains hommes d'État promoteurs ou coopérateurs de la Révolution française (Turgot, Malesherbes, Necker, Mirabeau, Condorcet). Volney, dont l'étude termine le cours que je publie aujourd'hui, nous introduit déjà dans cette nouvelle galerie.

La rédaction de ce cours était déjà presque finie, lorsque la chute de l'Empire me ramena en France. Je n'ai eu qu'à la revoir et à l'achever dans les premiers loisirs que j'ai pu trouver depuis cette époque. En offrant aujourd'hui au public français ces leçons telles qu'elles ont été prononcées à Genève en d'autres temps, je ne crois pas faire une chose inutile à mes concitoyens. Nous sommes sortis des griffes du césarisme ; il s'agit maintenant de n'y plus retomber. Tout ce qui peut éclairer et moraliser notre démocratie est plus que jamais opportun.

Éclairer et moraliser la démocratie, tel est le but que, pour ma part, j'ai toujours poursuivi, à l'étranger, comme en France ; et je puis dire qu'à l'étranger je n'ai jamais cessé de tourner mes yeux vers la France. C'est aussi en vue de ce but que j'ai entrepris de séparer dans notre grand XVIIIe siècle le bon grain de l'ivraie, et, en renouant nos traditions, de les rectifier au besoin.

Certains, ne voyant le XVIIIe siècle que dans une secte étroite, le glorifient précisément par ce qu'il y faut condamner. Pour moi, je ne saurais comprendre qu'enseigner aux hommes qu'ils ne sont jamais libres, partant jamais responsables de leurs actions, et qu'il ne peut y avoir en eux de mobile supérieur à l'intérêt personnel, soit le moyen de faire des républicains.

Il y a, au contraire, si nous voulons nous rendre capables de nous gouverner nous-mêmes, deux choses qu'il faut sauver du naufrage des dogmes religieux et des systèmes métaphysiques, et qui en sont en effet indépendantes : le sentiment de notre liberté morale, d'où naît celui de notre responsabilité, et le principe de l'obligation morale ou du devoir, qui engendre la vertu ; sans ce double fondement, il n'y a pas de libre démocratie, pas de république possible.

J'ai donc dû combattre, sur ces deux points capitaux, ceux des moralistes du xviiie siècle qui les nient ou les dénaturent, et je l'ai pu faire en opposant à ces écrivains d'autres philosophes du même temps, les vrais génies du siècle ; mais on verra aussi comment, tout en signalant les côtés vicieux de leurs doctrines, je me suis appliqué à en relever les belles et bonnes idées. C'est là, si je ne m'abuse, ce qui fait l'intérêt ainsi que l'utilité de ce travail.

Le lecteur en jugera.

JULES BARNI.

Paris, 3 décembre 1872.

LES MORALISTES FRANÇAIS

AU DIX-HUITIÈME SIÈCLE

PREMIÈRE LEÇON

VAUVENARGUES

L'HOMME, SA VIE

Les noms que j'ai réunis dans le groupe de *moralistes* dont nous allons nous occuper ne figurent pas, à l'exception de Vauvenargues, au premier rang des écrivains du XVIIIe siècle, et les doctrines morales et politiques de la plupart de ces auteurs sont loin d'appartenir à la meilleure philosophie : elles sont au contraire, si j'ose parler ainsi, de qualité très-inférieure. Mais l'étude n'en est pas moins fort intéressante et fort instructive. Elle met en lumière deux points très-importants dans l'histoire du XVIIIe siècle. Le premier, c'est que, si ces mauvaises doctrines ont trouvé un trop grand nombre d'adeptes, elles ont eu aussi pour contradicteurs les plus grands esprits de ce temps, les Voltaire, les Jean-Jacques Rousseau, les Turgot, et que par conséquent il est injuste de les donner, comme on l'a fait si souvent, pour la véritable expression de la philosophie du XVIIIe siècle, comme si ce siècle n'avait pas connu d'autres principes. Le second, c'est que, dans les livres de ces philosophes mêmes, si défectueuses que fussent leurs théories, circulait un esprit généreux qui en corrigeait les erreurs et l'influence. Tels sont les deux points que je m'efforcerai surtout de faire ressortir dans les leçons que je consacrerai à Helvétius, à Saint-Lambert et à Volney. Je vous montrerai le souffle de l'amour de l'humanité purifiant en quelque sorte, comme un vent salutaire, les plus fâcheuses doctrines et leur faisant porter des fruits qu'on n'en aurait pas attendus, tandis que nous voyons trop souvent aujourd'hui les plus pures théories stérilisées par je ne sais quel mauvais air qui courbe et dessèche les âmes.

Les réflexions qui précèdent ne s'appliquent pas, — je n'ai pas besoin de le dire, — à Vauvenargues, que nous devons étudier le premier, parce qu'il est le premier en date comme en valeur.

Vauvenargues occupe une place à part dans le XVIII° siècle. Il n'est pas tout à fait, comme l'a dit M. Villemain [1], un disciple du siècle précédent, quoiqu'il professe une grande admiration pour Pascal, Bossuet et Fénelon, et qu'il ait formé son style sur leur modèle : l'esprit du XVIII° siècle a bien aussi un peu soufflé sur lui ; mais, d'un autre côté, il se distingue nettement de Voltaire et des Encyclopédistes tels que d'Alembert, Diderot, d'Holbach, Helvétius, etc., ou de ce que l'on a nommé en général (trop confusément, il est vrai) l'*école philosophique*, par le goût de la méditation intérieure, par un certain respect de la religion où il avait été élevé, enfin par un ton plus grave et un accent plus touchant. Il appartient plutôt au courant où Jean-Jacques Rous-

---

[1]. *Tableau de la littérature au* XVIII° *siècle*, seizième leçon.

seau s'efforcera bientôt de faire rentrer la philosophie. Mais il mourut jeune, avant même d'avoir vu se lever ce nouvel apôtre; et il eut peu d'influence sur son époque. Peut-être, s'il eût vécu plus longtemps, eût-il exercé une heureuse action sur Voltaire, qui le goûtait, l'aimait et ressentait même pour lui une sorte de vénération; peut-être eût-il, comme on l'a dit [1], relié Voltaire et Rousseau, et prévenu les déchirements de leur philosophie. Mais, s'il n'a pu avoir sur Voltaire et sur son temps une influence efficace, il n'en a pas moins pris son rang parmi les plus grands moralistes français, à côté de Montaigne, de Charron, de Pascal, de La Rochefoucauld et de La Bruyère. Aussi mérite-t-il de nous arrêter tout particulièrement.

Étudions d'abord l'homme en lui; sa vie nous expliquera mieux ses pensées, qui à leur tour acheveront de nous révéler l'homme.

La vie de Vauvenargues se distingue aussi de celle de la plupart des philosophes de son temps : il vécut loin de la société de Paris, dans les camps ou dans la retraite, obscur et malheureux; et il mourut jeune. Parcourons cette destinée si courte, mais si intéressante.

Vauvenargues vint au monde le 6 août 1715, c'est-à-dire l'année même où, avec la mort de Louis XIV, finit réellement le XVII° siècle et commence le XVIII°. Il naquit à Aix, en Provence, c'est-à-dire dans ce berceau de la douce langue d'oc et de tant de beaux diseurs, depuis les chantres de la *gaie science* jusqu'au grand orateur de la Révolution française, Mirabeau, dont le père, né justement la même année que Vau-

---

[1]. Henri Martin, *Histoire de France*, t. XV, p. 407.

venargues, était son cousin et fut un de ses plus chers amis. Il était le fils aîné d'un de ces gentilshommes de Provence qui vivaient loin des faveurs et de la corruption de la cour, pauvres et fiers. Ce ne fut qu'en 1722 que son père, Joseph de Clapiers, seigneur de Vauvenargues, reçut le titre de marquis (avec une modique pension de 3,000 livres), en récompense de sa belle conduite pendant la peste qui décima la ville d'Aix, dont il était premier consul. Cette extraction nous expliquera certains préjugés de race que nous retrouverons en Vauvenargues; mais il y puisa sans doute aussi cette hauteur de sentiments et cette fierté de caractère que nous verrons éclater en lui.

Malheureusement la vigueur de son corps ne devait pas répondre à celle de son âme. Sa santé lui fut de bonne heure un obstacle : elle ne lui permit pas de faire des études suivies. Cet enfant, destiné à marquer un jour sa place au premier rang parmi les écrivains de la langue française, ne parvint jamais, chose curieuse, à lire une page de latin, encore moins de grec. Il est vrai qu'il répara cette lacune par la méditation assidue des meilleurs modèles de la littérature du XVIIIe siècle. Il se nourrit même, à l'aide de traductions, de quelques ouvrages de l'antiquité. Les *Vies de Plutarque*, les *Lettres de Brutus à Cicéron* et les *Traités de Sénèque* produisirent sur lui une impression qu'il a lui-même décrite plus tard dans une lettre à son cousin le marquis de Mirabeau (22 mars 1740), et qui rappelle l'enthousiasme que ressentait Jean-Jacques Rousseau dans son enfance, à la lecture des *Vies de Plutarque* [1].

---

[1]. V. *Histoire des idées morales et politiques en France au* XVIIIe *siècle*, t. II, p. 7.

« Je pleurais de joie, lorsque je lisais ces *Vies*; je ne passais point de nuit sans parler à Alcibiade, Agésilas et autres; j'allais dans la place de Rome, pour haranguer avec les Gracques et pour défendre Caton, quand on lui jetait des pierres. Vous souvenez-vous que César voulant faire passer une *loi trop à l'avantage du peuple*, le même Caton voulut l'empêcher de la proposer, et lui mit la main sur la bouche pour l'empêcher de parler. Ces manières d'agir si contraires à nos mœurs, faisaient grande impression sur moi. Il me tomba en même temps un Sénèque dans les mains, je ne sais par quel hasard; puis, des lettres de Brutus à Cicéron, dans le temps qu'il était en Grèce, après la mort de César : ces lettres sont si remplies de hauteur, d'élévation, de passion et de courage, qu'il m'était impossible de les lire de sang-froid; je mêlais ces trois lectures et j'en était si ému que je ne contenais plus ce qu'elles mettaient en moi : j'étouffais, je quittais mes livres, et je sortais comme un homme en fureur, pour faire plusieurs fois le *tour d'une assez longue terrasse* [1], en courant de toute ma force, jusqu'à ce que la lassitude mit fin à la convulsion. C'est là ce qui m'a donné cet air de philosophie qu'on dit que je conserve encore, car je devins stoïcien de la meilleure foi du monde, mais stoïcien à lier; j'aurais voulu qu'il m'arrivât quelqu'infortune remarquable pour déchirer mes entrailles, comme ce fou de Caton, si fidèle à sa secte. »

Vauvenargues devait avoir environ seize ans, lorsque les héros de Plutarque lui inspiraient cet enthousiasme [2]. Des deux carrières qui seules s'ouvraient alors devant un jeune gentilhomme tel que lui, l'église et l'armée, on conçoit que la première ne fût pas de nature à l'attirer; la seconde seule lui paraissait à la fois digne de sa

1. La terrasse du château de Vauvenargues, que l'on voit encore aux environs d'Aix.
2. En effet, Vauvenargues, racontant ceci à propos du jeune Mirabeau, le frère du cousin auquel il écrit (22 mars 1740), dit qu'il était fou de Plutarque *à son âge*. Or ce jeune homme, né en 1724, avait alors seize ans.

naissance et conforme à son goût pour l'action; seule, elle lui promettait la gloire, dont il sentait déjà en lui la passion, la gloire, dont, suivant sa poétique expression, les premiers regards ne sont pas moins doux que les feux de l'aurore, mais qui, selon une autre de ses maximes (je ne dis pas la plus vraie), ne saurait être achevée sans celle des armes.

Dès l'âge de dix-sept ans, il entra, comme sous-lieutenant, dans le régiment du roi, et fit ses premières armes dans la campagne de 1734, entreprise par la France, de concert avec le Piémont et l'Espagne, pour chasser les Autrichiens d'Italie, mais où, faute d'accord entre les puissances alliées, tant de sang fut inutilement versé dans les plaines de la Lombardie. Vauvenargues eût pu faire là d'utiles réflexions sur la guerre et l'état militaire[1].

---

1. Voici, en effet, ce qu'il aurait pu observer, s'il faut en croire le tableau de l'état de l'armée à cette époque (1735), tracé par M. Henri Martin (*Histoire de France*, t. XV, p. 195), d'après les mémoires du temps, particulièrement d'après ceux du duc de Noailles, appelé en 1735 au commandement des troupes françaises en Italie : « Les grandes pertes causées par le fer de l'ennemi et par la fièvre des rizières étaient le moindre mal : c'était surtout un mal moral qui rongeait l'armée; non-seulement la vieille licence de la noblesse militaire s'aggravait jusqu'à permettre au plus immonde des vices, au vice contre-nature, de s'étaler presque ouvertement dans le camp; mais la cupidité que la régence avait infiltrée dans les veines de la noblesse étouffait le sentiment de l'honneur et brisait le lien naturel d'affection entre l'officier et le soldat. Les capitaines empêchaient qu'on ne complétât leurs compagnies, afin de gagner sur la solde; les colonels se faisaient les complices des capitaines et les aidaient à gagner ou à intimider les commissaires des guerres; les gratifications destinées aux officiers blessés avaient été données à la faveur et non aux blessures; on avait spéculé sur la santé, sur la vie du soldat; pendant la saison rigoureuse, on l'avait laissé dans des cloîtres et des portiques tout ouverts; on avait négligé ou abandonné les hôpitaux. Le soldat affamé, désespéré,

Il mena ensuite, pendant quelques années, la triste vie de garnison en diverses villes. Sa correspondance, récemment publiée [1], avec son cousin le marquis de Mirabeau et avec un autre ami, Saint-Vincens, jette un jour intéressant sur cette partie de sa vie, jusque-là restée obscure. Elle nous le montre se livrant à l'humeur chagrine qui naît en lui de la délicatesse de son tempérament et de l'inaction à laquelle il se voit condamné; cherchant quelque distraction dans l'étude, mais sans plan arrêté et sans souci de la gloire littéraire; rêvant toujours la gloire, mais une gloire plus générale et plus avantageuse, « la gloire que donne l'action; » et, en attendant, s'ennuyant de « traîner son esponton dans la boue à la tête de vingt hommes, et de faire ainsi amende honorable dans les rues avec la redingotte et la pluie sur le corps; » tâchant cependant de se supporter faute d'asile, et en même temps engagé par son état et ses goûts dispendieux dans des embarras d'argent qui augmentent l'inquiétude de son esprit. Il va même, dans sa détresse, jusqu'à communiquer à son ami Saint-Vincens (novembre 1740) cet étrange projet, qu'à la vérité il déclare lui-même digne de risée, de s'engager, lui qui professe la plus grande horreur pour la contrainte du mariage, à épouser dans deux ans une des filles du marquis d'Oraison, si celui-ci veut bien lui prêter

s'était livré impunément à une maraude universelle; on citait les plus horribles excès; on parlait de femmes auxquelles on avait coupé les doigts ou les oreilles pour leur arracher leurs anneaux d'or. — Les mêmes pillages, avec les mêmes atrocités, avaient eu lieu l'année précédente en Allemagne. »

1. *Œuvres posthumes et œuvres inédites de Vauvenargues avec notes et commentaires*, par D. L. Gilbert, Paris, 1857.

l'argent dont il a besoin, et qu'il n'en soit pas remboursé au terme convenu.

Malgré ce qu'il pouvait y avoir de décousu et de dissipé dans son existence, et quoique, suivant l'aveu qu'il a fait plus tard, en s'excusant d'avoir hasardé à cette époque certaines poésies déshonnêtes, il manquât beaucoup encore de principes, ses camarades, étonnés de la maturité de son jugement et de son penchant à discourir, joint à la bienveillance familière qu'il leur témoignait, l'avaient surnommé *le Père*. Ce n'est pas qu'il prît avec eux aucun ton de supériorité, mais il aimait à conseiller, et il savait faire aimer ses conseils. Aussi le surnom de Père n'était-il point dans la bouche de ses camarades un sobriquet ironique, mais l'expression d'une sympathie mêlée de respect. On comprend bien ce surnom quand on voit, dans la correspondance que je viens de citer, Vauvenargues parler au marquis de Mirabeau du jeune frère de son ami (entré à l'âge de 13 ans dans le même régiment que lui) comme un père aurait pu faire de son enfant. On le comprend mieux encore en lisant les pages publiées plus tard sous le titre de *Conseils à un jeune homme*, mais composées dans ce même temps à l'usage d'un des jeunes compagnons d'armes de Vauvenargues, Hippolyte de Seytres. Quelle sagesse à la fois élevée et pratique, quelle hauteur de vues et quelle connaissance des hommes, et en même temps quelle douceur en quelque sorte paternelle dans ces conseils que Vauvenargues adressait à son ami, mais à un ami de neuf ans plus jeune que lui! Voltaire demandait au sujet de ces pages : « Pourquoi cet air de lettres familières? » C'est que c'étaient en réalité des lettres d'un ami à un plus jeune ami.

Tel est encore le caractère de deux discours *sur la*

gloire et d'un autre *sur les plaisirs,* composés à la même époque, pendant la campagne d'Allemagne de 1742 et adressés au même ami. C'est le langage du Mentor de Télémaque, mais dans la bouche d'un moniteur tout jeune encore lui-même, et qui ne s'applique pas moins qu'il n'applique à son ami les sages réflexions qu'il lui adresse. On trouve, en effet, dans ces *Discours* comme dans les *Conseils,* plus d'une trace des retours de l'auteur sur lui-même [1].

C'est sur les champs de bataille de la Bohême que furent composés ces *Discours,* sinon aussi les *Conseils.* Vauvenargues avait été en effet appelé à prendre part, comme capitaine, avec son ami, sous-lieutenant dans le même régiment, à la campagne d'Allemagne qui fut l'un des premiers actes de la guerre de la succession d'Autriche. Il assista à cette désastreuse retraite de Prague, commandée par le maréchal de Belle-Ile, où le froid et la fatigue firent un si grand nombre de victimes. La santé déjà si faible du jeune capitaine en resta ruinée pour jamais. Bien qu'il écrive (31 janvier 1743) à son ami Saint-Vincens, d'une petite ville de Bavière (Naasburg) où son bataillon avait pris garnison après la retraite de Prague, qu'il se porte à merveille et qu'il n'a jamais été si bien, il ne se remettra plus des maux qu'il vient de contracter et ne tardera pas à en mourir. Il eut, dans cette campagne, un autre malheur : celui de perdre son ami le plus cher, Hippolyte de Seytres. Il écrivit l'oraison funèbre de ce jeune homme, et si l'on peut, avec M. Gilbert [2], reprocher à cet éloge une certaine exagération oratoire, il

1. V. plus loin la note de la page 10.
2. V. ŒUVRES DE VAUVENARGUES, *édition nouvelle, précédée de l'éloge de Vauvenargues et accompagnée de notes et commentaires* (Paris, 1857), p. 150.

1.

est juste aussi d'y reconnaître, avec M. Villemain, quelque chose d'antique et d'inspiré par Fénelon, témoin ce passage :

« Aimable Hippolyte, aucun vice n'infectait encore ta jeunesse; tes années croissaient sans reproche, et l'aurore de ta vertu jetait un éclat ravissant. La candeur et la vérité régnaient dans tes sages discours, avec l'enjouement et les grâces; la tristesse déconcertée s'enfuyait au son de ta voix; les désirs inquiets s'apaisaient; modéré jusque dans la guerre, ton esprit ne perdait jamais sa douceur et son agrément. »

De retour en France, Vauvenargues, qui avait alors vingt-sept ans, « ennuyé, comme il l'écrit lui-même (Nancy, 8 août 1743), à son colonel, le duc de Biron, de servir sans espérance avec une santé très-faible, et porté par une secrète inclination à une vie plus occupée, » veut mettre à exécution le projet, déjà conçu avant la dernière campagne[1], de quitter la carrière militaire pour en poursuivre une autre qui convienne mieux à son ambition. Une nouvelle campagne l'oblige à ajourner encore ce projet; mais, dès la fin de la même année, cette nouvelle campagne étant terminée, il revient à son dessein. Il écrit (décembre 1743) au roi et au ministre des affaires étrangères, Amelot, pour solliciter un emploi diplomatique dans les pays étrangers. Pauvre, obscur, sans appui, il n'obtient, naturellement, aucune réponse. Irrité de

---

1. Une dernière page des Conseils, que Vauvenargues ne publia point avec les autres, mais que son dernier éditeur a recemment extraite d'un manuscrit de l'auteur, montre, par une allusion évidente à sa personne, combien il était déjà dégoûté à cette époque de l'état militaire et qu'il songeait dès lors à le quitter. « Mon cher ami, y disait-il, il faut avoir les talents de son état, ou le quitter. Parce qu'on est gentilhomme, on fait la guerre, quoi qu'on n'ait ni santé, ni patience, ni activité, ni amour des détails, qualités essentielles et indispensables dans un tel état. »

ce silence, il envoie sa démission à son colonel, et adresse au ministre une seconde lettre (14 janvier 1744), où éclate la fierté du gentilhomme.

« J'ai passé, Monseigneur, toute ma jeunesse loin des distractions du monde, pour tâcher de me rendre capable des emplois où j'ai cru que mon caractère m'appelait, et j'osais penser qu'une volonté si laborieuse me mettrait du moins au niveau de ceux qui attendent toute leur fortune de leurs intrigues et de leurs plaisirs. Je suis pénétré, Monseigneur, qu'une confiance que j'avais principalement fondée sur l'amour de mon devoir se trouve entièrement déçue. »

Vauvenargues reçut cette fois une réponse, aimable, quoiqu'assez vague. Il est vrai que Voltaire était intervenu auprès du ministre et le lui avait recommandé en des termes qui n'avaient rien de banal. Il avait écrit à ce ministre, membre de l'Académie française (V. la lettre de Voltaire à Vauvenargues, du 11 février 1744) : « Vous savez votre Démosthènes par cœur ; il faut que vous sachiez votre Vauvenargues. »

Comment Voltaire connaissait-il déjà lui-même son Vauvenargues? C'est ce qu'il est curieux de rechercher. L'histoire des relations de ces deux hommes leur fait trop d'honneur à l'un et à l'autre pour que nous ne nous y arrêtions pas.

Sans songer le moins du monde à se faire homme de lettres, Vauvenargues occupait ses loisirs à méditer les grands écrivains du xviie siècle, et, comme nous l'avons vu tout à l'heure, à composer lui-même quelques morceaux, afin de mieux démêler ainsi ses idées et d'en rendre l'expression plus parfaite, suivant une de ses propres maximes [1] ! Désireux d'entrer

---

1. « Voulez-vous démêler, rassembler vos idées, les mettre

en relations avec Voltaire, qui, à cette époque (1743), jouissait d'une grande gloire, et pour lequel il professait une vive admiration, il eut l'idée, à son retour de la campagne de Bohême, de lui écrire (de Nancy, 4 avril 1743) pour lui soumettre un parallèle entre Corneille et Racine où il donnait hautement la préférence au second sur le premier. Bien que sa lettre fût signée d'un nom alors tout à fait obscur, avec ce simple post-scriptum : *Mon adresse est à Nancy, capitaine au régiment d'infanterie du roi*, et quoiqu'elle renfermât des jugements fort contestables, Voltaire y reconnut la main d'un maître en matière de goût et de style, et il répondit aussitôt (de Paris, 15 avril 1743) à l'auteur comme à un égal, en le louant justement de sa finesse et de sa pénétration, mais en relevant non moins justement ce qu'il y avait d'outré dans son jugement. « Je suis fâché, lui dit-il, en terminant, que le parti des armes, que vous avez choisi, vous éloigne d'une ville où je serais à portée de m'éclairer de vos lumières; » cette phrase n'est pas de sa part un vain compliment, mais elle exprime réellement, sous une forme flatteuse, la vive impression qu'a faite sur lui, du premier coup, l'esprit du jeune officier. Vauvenargues ne manque pas de répondre à Voltaire (22 avril 1743); et, tout en maintenant contre lui son opinion sur les mérites comparés de Corneille et de Racine, il exprime avec une grande délicatesse la joie que lui causent les louanges et les procédés de l'illustre écrivain. Il lui envoie un

---

sous un même point de vue et les réduire en principes, jetez les d'abord sur le papier. Quand vous n'auriez rien à gagner par cet usage du côté de la réflexion, ce qui est faux manifestement, que ne gagneriez-vous pas du côté de l'expression ? Laissez dire à ceux qui regardent cette étude comme au dessous d'eux. »

nouveau fragment, ayant pour sujet trois des écrivains qu'il avait le mieux étudiés : Pascal, Bossuet, Fénelon ; et Voltaire ne se montre pas moins frappé de ce fragment que du précédent (Lettre du 17 mai 1743). Ainsi avaient commencé les relations de Voltaire et de Vauvenargues dans l'intervalle de la campagne de Bohême (1742) à celle à laquelle notre jeune capitaine prit encore part l'année suivante et au retour de laquelle il entreprit les démarches dont j'ai parlé tout à l'heure et donna sa démission de capitaine. J'ai dit en quels termes Voltaire le recommanda au ministre Amelot. Dans le même temps (4 avril 1744), il écrivait à son jeune ami une lettre qui témoigne de la profonde impression que lui causait la lecture des premiers essais de Vauvenargues et de l'heureuse influence que ce beau génie, comme il l'appelle, eût pu exercer sur lui, si la mort ne l'eût détruit dans sa fleur.

« Aimable créature, beau génie, j'ai lu votre premier manuscrit, et j'y ai admiré cette hauteur d'une grande âme qui s'élève si fort au-dessus des petits brillants des Isocrates. Si vous étiez né quelques années plus tôt, mes ouvrages en vaudraient mieux ; mais au moins sur la fin de ma carrière [1], vous m'affermissez dans la route que vous suivez. Le grand, le pathétique, le sentiment, voilà mes premiers maîtres ; vous êtes le dernier ; je vais vous lire encore. Je vous remercie tendrement ; vous êtes la plus douce de mes consolations dans les maux qui m'accablent. »

L'officier démissionnaire aurait voulu se fixer à Paris pour cultiver de près une si précieuse amitié et continuer les démarches qu'il avait commencées

---

1. Elle devait durer encore 34 ans pour l'honneur et le bonheur de l'humanité.

(V. sa lettre à Saint-Vincens, du 1ᵉʳ mars 1744); contrarié dans ses desseins par ses parents, qui le rappelaient en Provence, il eut un instant la pensée de se jeter dans la carrière des lettres, bien que ce parti lui répugnât, dans le fond, autant qu'il devait déplaire à sa famille : il n'avait pas encore dépouillé le préjugé du gentilhomme à cet égard (V. même lettre); mais il finit par se décider à rentrer dans sa Provence, en attendant l'emploi qui lui avait été promis. A peine s'y était-il retiré qu'il fut attaqué d'une nouvelle maladie, la petite-vérole. Il en resta défiguré et en devint presque aveugle; en même temps, l'engelure de ses jambes, qui avaient été gelées pendant la retraite de Prague, dégénéra en plaie, et, ce qui était plus grave encore, il se sentit atteint d'un mal de poitrine. Il dut renoncer dès lors à la carrière de la diplomatie, comme il avait déjà renoncé à celle des armes. Il ne se découragea point cependant; mais il sut mettre en pratique ce qu'il avait si bien exprimé dans ses *Conseils à un jeune homme :*

« Le malheur même a des charmes dans les grandes extrémités; car cette opposition de la fortune élève un esprit courageux et lui fait ramasser toutes ses forces qu'il n'employait pas [1]. »

Seulement le malheureux jeune homme dut changer la direction qu'il avait voulu donner à son activité et à sa passion pour la gloire. Forcé de renoncer au nouveau rêve qu'il avait conçu, il se retourna vers les lettres, qu'il avait cultivées jusque-là avec amour, mais sans leur demander la gloire, qu'il cher-

[1]. Il reproduit la même pensée sous une autre forme dans ses *Maximes* : « Le désespoir est la plus grande de nos erreurs. »

chait ailleurs. Il s'était cru appelé par sa naissance et ses talents à l'action, aux grandes actions ; et tant qu'il s'était senti capable de poursuivre ce but, il aurait cru *déroger à sa qualité* en se livrant exclusivement aux lettres ; mais maintenant que toute carrière active lui est fermée, il pense *qu'il vaut mieux déroger à la qualité qu'au génie ;* il cherche dans les lettres, à la fois un soulagement à ses maux et un dédommagement à son ambition déçue. « Qu'il paraisse du moins, écrit-il, par l'expression de nos pensées et par ce qui dépend de nous, que nous n'étions pas incapable de les concevoir. » Il va même jusqu'à placer la gloire des lettres au-dessus de toutes les autres : « c'est la gloire la moins empruntée et la plus à nous qu'on connaisse. » — « La fortune, dit-il encore (*Maximes*), exige des soins ; il faut être souple, cabaler, n'offenser personne, cacher son secret, et même, après tout cela, on n'est sûr de rien. Sans aucun de ces artifices, un ouvrage fait de génie remporte de lui-même les suffrages, et fait embrasser un métier où l'on peut aller à la gloire par le seul mérite. »

Ayant résolu de se vouer tout entier aux lettres, ou du moins de leur consacrer les heures de répit que lui laissaient ses souffrances, Vauvenargues se rendit à Paris, dès que sa santé lui permit de se mettre en voyage, et il s'installa dans un modeste hôtel de la rue du Paon [1] (l'hôtel de Tours). Il put alors voir Voltaire tout à son aise, et la *tendre vénération* qu'il inspirait à celui-ci ne fit que grandir dans leurs entrevues quotidiennes. Marmontel, dont

---

1. Cette rue, voisine de l'école de Médecine, s'appelle depuis quelques années rue Larrey.

je viens de reproduire l'expression, Marmontel, alors fort jeune, eut le bonheur d'assister à ces entretiens, et il en a retracé le souvenir dans ses *Mémoires*, en des traits qui méritent d'être recueillis, car ils montrent bien ce que devaient être en face l'un de l'autre ces deux grands esprits, d'ailleurs si divers.

« Surtout quelle école pour moi que celle où tous les jours, depuis deux ans, l'amitié des deux hommes les plus éclairés de leur siècle m'avait permis d'aller m'instruire ! Les conversations de Voltaire et de Vauvenargues étaient ce que jamais on peut entendre de plus riche et de plus fécond. C'était, du côté de Voltaire, une abondance intarissable de faits intéressants et de traits de lumière ; c'était, du côté de Vauvenargues, une éloquence pleine d'aménité, de grâce et de sagesse. Jamais dans la dispute on ne mit tant d'esprit de douceur et de bonne foi ; et ce qui me charmait plus encore, c'était, d'un côté, le respect de Vauvenargues pour le génie de Voltaire, et, de l'autre, la tendre vénération de Voltaire pour la vertu de Vauvenargues : l'un et l'autre, sans se flatter, ni par de vaines adulations ni par de molles complaisances, s'honoraient à mes yeux par une liberté de pensée qui ne troublait jamais l'harmonie et l'accord de leurs sentiments mutuels. »

L'année même où Vauvenargues était venu se fixer à Paris (1745), il concourut pour le prix d'éloquence proposé par l'Académie française. Suivant l'usage alors consacré, mais depuis réformé par Duclos, de tirer les sujets de ses prix d'éloquence des maximes de l'Écriture sainte, l'Académie avait indiqué comme thème à développer cette parole des *Proverbes :* « Le riche et le pauvre se sont rencontrés ; le Seigneur a fait l'un et l'autre. » En proposant ce sujet, la noble compagnie ne se doutait pas sans doute qu'elle posait un problème dont la portée était immense et qui était appelé à devenir, à partir de la réponse de

Jean-Jacques Rousseau à une question du même genre, l'un des plus graves problèmes de l'avenir ; elle ne laissait pas, en tous cas, aux candidats la liberté de la solution, puisqu'elle leur traçait d'avance la réponse dans les paroles mêmes de l'Ecriture qu'elle leur donnait à développer, et qui, prises à la lettre, signifiaient que la misère étant l'œuvre de Dieu, doit être éternelle. Vauvenargues de son côté, il faut le dire aussi, ne songea point à porter ses regards au-delà du programme de l'Académie : aussi son discours, développement purement oratoire d'un thème consacré, manque-t-il absolument d'originalité et de profondeur. Il n'obtint pourtant pas le prix, ni même une simple mention. Il était d'ailleurs fort remarquablement écrit, et en un endroit fort touchant par le retour que l'auteur faisait sur lui-même, mais où les juges du concours ne virent sans doute qu'une figure de rhétorique :

« Je ne suis ni ce pauvre délaissé qui languit sans secours humain, ni ce riche que la possession même des richesses trouble et embarrasse. Né dans la médiocrité, dont les voies ne sont peut-être pas moins rudes, accablé d'afflictions dans la force de mon âge, ô mon Dieu ! si vous n'étiez pas, ou si vous n'étiez pas pour moi, seule et délaissée dans ses maux, où mon âme espérerait-elle ? Serait-ce à la vie qui m'échappe et me mène vers le tombeau par la détresse ? Serait-ce à la mort, qui anéantirait, avec ma vie, tout mon être ? »

Vauvenargues conçut quelque humeur de son échec académique, mais il n'en poursuivit pas avec moins de courage sa vocation littéraire. Sentant, suivant l'expression que nous venons de lui voir employer, la vie lui échapper, il s'empressait de mettre à profit le peu de jours qu'il avait encore à vivre pour donner l'essor à son génie dans la carrière des lettres et pour en recueillir un peu de gloire avant de fermer les yeux. Il réunit en un volume divers ouvrages écrits antérieurement ou à cette époque même : une *Introduction à la connaissance de l'esprit humain*, sur laquelle nous aurons occasion de revenir; des *Réflexions sur divers sujets;* les *Conseils à un jeune homme*, qu'il avait composés pour le jeune Hippolyte de Seytres; des *Réflexions critiques sur quelques poëtes*, entre autres celles qu'il avait soumises à Voltaire sur Corneille et Racine; un fragment sur *les Orateurs*, qu'il avait aussi soumis à Voltaire, et un sur *La Bruyère ;* puis une *Méditation sur la foi*, suivie d'une *Prière*, morceaux qui ne sont sans doute pas simplement, comme on l'a prétendu, le résultat d'un défi littéraire, puisque Vauvenargues a cru devoir les reproduire et les maintenir contre Voltaire, mais où il ne faudrait pas chercher non plus l'expression d'une conviction arrêtée; enfin un certain nombre de *Maximes* où Vauvenargues avait fixé les pensées qui lui venaient à l'esprit suivant les circonstances, mais qu'il n'avait pas, dit-il lui-même, destinées à voir le jour. Ce volume, si petit mais si riche, parut moins d'un an après que l'auteur était venu se fixer à Paris, en février 1746, l'année même où paraissaient les *Pensées philosophiques* de Diderot et l'*Essai sur l'origine des connaissances humaines*, de Condillac. Vauvenargues n'y avait pas mis son nom, soit qu'il voulût ménager les préjugés de sa famille, soit qu'il jugeât plus avantageux d'attendre, sous le voile de l'anonyme, l'effet que produirait cette publication.

Voltaire, tout en se récriant contre certaines pièces (la *Méditation sur la foi* et la *Prière)*, qui contrariaient sa philosophie et lui arrachaient cette exclamation : « Ne peut-on pas adorer l'Être suprême sans se faire capucin ? » Voltaire accueillit le livre avec enthousiasme, et loua l'auteur avec effusion[1]. Il fit plus : il aida Vauvenargues à préparer une nouvelle édition ; ce fut d'après ses observations et ses conseils que fut faite cette seconde édition [2].

Malheureusement l'auteur ne vécut pas assez pour la voir paraître. Il mourut pendant qu'on l'imprimait, le 28 mai 1747, âgé de moins de trente-deux ans, sans même avoir eu le temps de jouir de cette gloire qu'il avait poursuivie et qu'il atteignait. Mais, quelque dur que fût son destin, il le supporta avec le plus mâle courage : « Je l'ai toujours vu, a dit de lui Voltaire, le plus infortuné des hommes et le plus tranquille. » Un trait, récemment révélé par M. Gilbert (*Eloge de Vauvenargues*, p. XX) montre jusqu'à quel point il poussait l'énergie morale aux portes mêmes du tombeau. Il était déjà bien près de sa fin, lorsqu'il apprend l'invasion de la Provence par les Impériaux et le duc de Savoie ; il écrit aussitôt à Saint-Vincens (29 nov. 1746) : « Toute la Provence est armée, et je suis ici, au coin de mon feu. Le mauvais état de ma santé ne me justifie pas assez, et je devrais être où sont tous les gentilshommes de la Provence... Offrez mes services pour quelque emploi que ce soit, et n'attendez pas ma réponse pour agir ; je me tiendrai heureux et honoré de tout ce que vous ferez pour moi et en mon nom... » Il mourut peu de mois

---

1. V. la lettre de Voltaire à Vauvenargues, de Mars 1746, p. 286 de l'édition Gilbert, et celle du 13 mai 1746, p. 291.
2. Les notes de Voltaire, écrites à la marge d'un exemplaire de l'ouvrage de Vauvenargues, et qui servirent à celui-ci pour sa seconde édition, ont été récemment publiées par M. Gilbert. On y peut faire une très-intéressante étude sur *Vauvenargues jugé par Voltaire*.

après, avec le même courage et la même sérénité qu'il avait montrés dans ses souffrances.

Où puisait-il le principe de ce courage et de cette sérénité ? On ne peut pas dire que ce fût dans la foi chrétienne ; car s'il avait le respect et peut-être même le regret de cette foi, il n'en était pas moins un libre-penseur, et pour ne pas mentir aux autres et à lui-même, il voulut mourir en philosophe[1]. Mais sa philosophie n'était pas celle du troupeau d'Epicure ; c'é-

---

1. Une note du *Siècle de Louis* XV par Voltaire, raconte qu'un père jésuite s'étant présenté chez Vauvenargues mourant, celui-ci lui demanda : Qui vous a envoyé ici ? et que le père jésuite lui ayant répondu : « Je viens de la part de Dieu, » le philosophe le chassa, puis, se tournant vers ses amis, leur dit :

Cet esclave est venu,
Il a montré son ordre et n'a rien obtenu.

M. Gilbert conteste la vérité de cette anecdote racontée dans une note qui, au témoignage de la Harpe, ne serait pas de Voltaire, mais de Condorcet. « Je ne m'arrête pas, dit-il (p. 231), à montrer ce qu'il y a d'invraisemblable, de contradictoire au caractère de Vauvenargues, dans cette forfanterie devant la mort que Condorcet lui prête. Sans parler de ses *Maximes*, où son âme, vraiment fière et vraiment courageuse, dédaigne la *fausse intrépidité de l'incrédule*, Vauvenargues était trop bien élevé et trop peu pédant pour chasser, même avec deux vers de Racine, un homme qui venait lui parler de Dieu. » Il me paraît difficile d'admettre que l'anecdote, — la note qui la raconte fût-elle de Condorcet, — soit entièrement controuvée, et que le fond, je ne dis pas tous les détails, n'en soit pas vrai. Elle n'a d'ailleurs rien d'invraisemblable : pourquoi qualifier de *forfanterie devant la mort* un acte de sincérité qui serait à l'honneur de Vauvenargues. « Il était trop bien élevé, nous dit M. Gilbert, et trop peu pédant pour chasser, même avec deux vers de Racine, un homme qui venait lui parler de Dieu. ? » Mais quoi ! ne pouvait-il congédier un homme qui venait lui en parler à la manière des jésuites, et appliquer justement à cet homme les deux vers du poète ? Ce mot ne serait-il pas le digne pendant de la réponse de Montesquieu à son curé. « Vous comprenez, Monsieur, combien Dieu est grand ! » — « Oui, et

tait celle des Thraséas, des Marc-Aurèle et des Epictète, avec un fonds de sentiment et de mélancolie inconnu des anciens stoïciens.

J'exposerai et j'apprécierai la philosophie morale de Vauvenargues ; il ne s'agissait aujourd'hui que de raconter sa vie et de peindre l'homme en lui. Sa vie, vous la connaissez maintenant : vie de souffrance physique et de noble ambition déçue par la maladie ou brusquement coupée par la mort, mais vie de courage héroïque, et en somme vie bien remplie, quoique si courte, puisque, malgré sa brièveté et les douleurs qui la tourmentèrent, Vauvenargues a pu écrire des pages que les hommes méditeront éternellement.

Vous connaissez déjà aussi l'homme par ce que j'ai raconté de sa vie. L'étude de ses maximes ou de ses autres écrits achèvera de le peindre ; car à nul mieux qu'à lui ne s'applique cette pensée, qui est une de ses maximes : « Les maximes des hommes décèlent leur cœur. » Ce qui fait, en effet, l'un des principaux charmes des maximes de Vauvenargues et en général de ses ouvrages, c'est qu'ils ne sont pas chez lui le fruit d'une spéculation abstraite, mais qu'ils ont été écrits sous la dictée du cœur et de l'expérience personnelle. Si l'on veut d'ailleurs se représenter exactement l'ensemble de son caractère, il suffit de lire ce beau portrait de Clazomène où Vauvenargues s'est si bien peint lui-même :

« Clazomène a fait l'expérience de toutes les misères humaines. Les maladies l'ont assiégé dès son enfance, et

---

combien les hommes sont petits ! » Quoi qu'il en soit, le témoignage de Marmontel : « il est mort dans les sentiments d'un chrétien philosophe, » nous suffit ici. *Chrétien philosophe* veut dire tout autre chose que catholique.

l'ont sevré, dans son printemps, de tous les plaisirs de la jeunesse. Né pour des chagrins plus secrets, il a eu de la hauteur et de l'ambition dans la pauvreté; il s'est vu, dans ses disgrâces, méconnu de ceux qu'il aimait; l'injure a flétri son courage, et il a été offensé de ceux dont il ne pouvait prendre de vengeance. Ses talents, son travail continuel, son application à bien faire, son attachement à ses amis, n'ont pu fléchir la dureté de sa fortune. Sa sagesse même n'a pu se garantir de fautes irréparables; il a souffert le mal qu'il ne méritait pas, et celui que son imprudence lui a attiré. Quand la fortune a paru se lasser de le poursuivre, quand l'espérance trop lente commençait à flatter sa peine, la mort s'est offerte à sa vue; elle l'a surpris dans le plus grand désordre de sa fortune; il a eu le malheur de ne pas laisser assez de bien pour payer ses dettes, et n'a pu sauver sa vertu de cette tache. Si l'on cherche quelque raison d'une destinée si cruelle, on aura, je crois, de la peine à en trouver. Faut-il demander la raison pourquoi des joueurs très-habiles se ruinent au jeu, pendant que d'autres hommes y font leur fortune? ou pourquoi l'on voit des années qui n'ont ni printemps ni automne, où les fruits de l'année sèchent dans leur fleur? Toutefois qu'on ne pense pas que Clazomène eût voulu changer sa misère pour la prospérité des hommes faibles : la fortune peut se jouer de la sagesse des gens courageux; mais il ne lui appartient pas de faire fléchir leur courage. »

Il s'est encore peint lui-même, dans un autre portrait, moins connu, *L'homme vertueux dépeint par son génie*, où il a voulu retracer non pas sans doute son image réelle, mais certainement son idéal :

« Quand je trouve dans un ouvrage une grande imagination avec une grande sagesse, un jugement net et profond, des passions très-hautes, mais vraies, nul effort pour paraître grand, une extrême sincérité, beaucoup d'éloquence et point d'art que celui du génie; alors je respecte l'auteur, je l'estime autant que les sages ou que les héros qu'il a peints. J'aime à croire que celui qui a conçu de si grandes choses n'aurait pas été incapable de les faire; la fortune qui l'a réduit à les écrire me paraît injuste. Je m'informe curieusement de tout le détail de sa vie ; s'il a fait des fautes, je les excuse, parce que je sais qu'il est difficile à la nature de tenir toujours le cœur des hommes au-dessus de leur condition. Je le plains des piéges cruels qui se sont trouvés sur sa route, et même des faiblesses naturelles qu'il n'a pu surmonter par son courage. Mais lorsque, malgré la fortune et malgré ses propres défauts, j'apprends que son esprit a toujours été occupé de grandes pensées et dominé par les passions les plus aimables, je remercie à genoux la nature de ce qu'elle a fait des vertus indépendantes du bonheur et des lumières que l'adversité n'a pu éteindre. »

A ces portraits de Vauvenargues par Vauvenargues lui-même, il faut joindre celui que Voltaire a tracé de son jeune ami. Voulant, suivant son expression, *lui élever un monumemt,* il composa l'éloge funèbre des officiers morts dans la campagne de 1742 et termina cet éloge par celui de Vauvenargues. Ne pouvant le citer ici tout entier, à cause de son étendue, j'en veux au moins détacher quelques lignes qui, en nous faisant mieux connaître Vauvenargues, nous font aussi mieux aimer Voltaire :

« Tu n'es plus, ô douce espérance du reste de mes jours ! O ami tendre... La retraite de Prague pendant trente lieues de glace jeta dans ton sein les semences de la mort que mes tristes yeux ont vu depuis se développer. Familiarisé avec le trépas, tu le sentis approcher avec cette indifférence que les philosophes s'efforçaient jadis ou d'acquérir ou de montrer ; accablé de souffrances au dedans et au dehors, privé de la vue, perdant chaque jour une partie de toi-même, ce n'était que par un excès de vertu que tu n'étais point malheureux, et cette vertu ne te coûtait point d'efforts. Je t'ai vu toujours le plus infortuné des hommes et le plus tranquille... Par quel prodige avais-tu, à l'âge de vingt-cinq ans, la vraie philosophie et la vraie éloquence, sans autre secours que celui de quelques bons livres ? Comment avais-tu pris un essor si haut dans le siècle des petitesses ? Et comment la simplicité d'un enfant timide couvrait-elle cette profondeur et cette force de génie? Je sentirai longtemps avec amertume le prix de ton amitié; à peine en ai-je goûté les charmes; non pas de cette amitié vaine qui naît dans les vains plaisirs, qui s'envole avec eux et dont on a toujours à se plaindre, mais de cette amitié solide et courageuse, la plus rare des vertus. C'est ta perte qui mit dans mon cœur ce dessein de rendre quelque honneur aux cendres de tant de défenseurs de l'État pour élever aussi un monument à la tienne. »

A ces lignes de Voltaire est jointe cette note :

« Le jeune homme qu'on regrette ici avec tant de raison est M. de Vauvenargues, longtemps capitaine au régiment du roi. Je ne sais si je me trompe, mais je crois qu'on trouvera dans la seconde édition de ce livre plus de cent pensées qui caractérisent la plus belle âme; la plus profondément philosophe, la plus dégagée de tout esprit de parti. »

Voltaire cite ensuite un certain nombre de maximes de Vauvenargues, celle-ci, entre autres, si célèbre : « Les grandes pensées viennent du cœur ; » et il ajoute : « C'est ainsi que sans le savoir il se peignait lui-même. »

C'est en cette fidèle image qu'il nous faut maintenant chercher Vauvenargues.

DEUXIÈME LEÇON

VAUVENARGUES

(SUITE)

LE PENSEUR : SES IDÉES SUR LE LIBRE ARBITRE ET SUR LA DISTINCTION DU BIEN ET DU MAL MORAL.

Après avoir raconté la vie et retracé le caractère de Vauvenargues, je vais entreprendre de faire connaître sa philosophie morale, qui à son tour, comme je l'ai déjà dit, achèvera la peinture de l'homme.

Vauvenargues est surtout célèbre par ses *Maximes*, et c'est là en effet la partie la plus importante de ses œuvres, d'ailleurs si courtes ; mais il a aussi abordé en des écrits spéciaux les questions générales qui forment en quelque sorte les prolégomènes de la morale, je veux dire la question du *libre arbitre* et celle de la *distinction du bien et du mal moral*. Avant donc de rechercher les idées morales particulières que nous offrent ses *Maximes*, il faut voir comment il résout ces questions, et d'abord celle de la liberté morale.

D'Alembert, dans une lettre au roi de Prusse (du 30 nov. 1770), où il discute avec ce prince la question de la liberté, aborde cette question en ces termes : « Je vais à présent suivre Votre Majesté de ténèbres en ténèbres, puisque j'ai l'honneur d'y être enfoncé avec elle jusqu'au cou et même par-dessus la tête. » Sans nier les difficultés de la question du libre arbitre, je ne pense pas que les ténèbres soient ici aussi épaisses que d'Alembert veut bien le dire, à moins qu'il ne s'agisse de celles qu'y amoncellent à plaisir la métaphysique et la théologie ; je tâcherai du moins d'y porter assez de clarté pour que vous puissiez m'y suivre sans trop d'effort.

L'homme n'est-il jamais que l'instrument d'une invincible fatalité, et toutes les déterminations de sa volonté, si libres qu'elles paraissent, ne sont-elles en réalité que comme les mouvements de la girouette qui tourne nécessairement du côté où la pousse le vent, ou comme ceux de la balance qui penche inévitablement du côté où l'entraîne le poids le plus fort ? Ou bien y a-t-il en nous une force capable de résister à la fatalité, et notre volonté est-elle vraiment l'auteur de ses résolutions, de telle sorte que ces dernières lui étant *imputables*, elle en porte justement la *responsabilité ?* Telle est la question qui s'offre d'abord à l'esprit de quiconque réfléchit sur la nature de l'homme et particulièrement sur les conditions de la morale.

En présence de la question ramenée aux termes si simples où je viens de la poser, il ne semble pas qu'il puisse y avoir de doute sur la solution ; mais, il faut le reconnaître, de bien graves difficultés se présentent de divers côtés, pour peu qu'on l'approfondisse. Comment, par exemple, concilier la liberté de la volonté humaine avec l'omnipotence divine, quelque idée que l'on se fasse d'ailleurs de Dieu, ou avec le principe de la *raison suffisante*, que la raison conçoit comme la loi nécessaire de tous les phénomènes du monde, ou, dans l'ordre des faits humains, avec l'influence prédominante des penchants, etc. ? Aussi cette question de la liberté a-t-elle donné lieu de tout temps à de grands débats et à de profondes divergences parmi les philosophes (sans parler des théologiens). Ce fut une des grandes questions qu'agita le xviii° siècle et sur lesquelles se partagèrent ses penseurs.

Ce fut aussi une des premières qui occupèrent Vauvenargues : notre jeune capitaine la méditait au milieu du bruit des armes, et il composa, à vingt-deux ans, sous la tente, un *traité sur le libre arbitre*. Il est curieux de voir comment il y résout le problème.

Quand on connaît la vie et le caractère de Vauvenargues, cet amour de l'action et de la gloire qui l'anime, ce courage indomptable qu'il déploie au sein de la destinée la plus cruelle, cette honnêteté et cette élévation morale qu'il ne montre pas moins dans sa conduite que dans ses sentiments, on s'attend naturellement à le voir se prononcer, dans la question du libre arbitre, en faveur de la théorie de la liberté. Mais c'est le contraire qui a lieu : Vauvenargues se fait, à notre grand étonnement, le défenseur du système de la nécessité. Peut-être, allez-vous penser, n'est-ce là qu'un paradoxe de jeune homme? Non ; Vauvenargues était sans doute bien jeune quand il composa son traité sur le *libre arbitre*, mais il ne paraît point avoir varié, depuis, dans la conclusion à laquelle il était alors arrivé. Je chercherai tout-à-l'heure la cause de cet étrange phénomène, mais je dois commencer par vous faire connaître et vous mettre à même d'apprécier la doctrine de notre moraliste sur la question.

Il semble d'abord accorder l'existence de la liberté : « Il y a, dit-il au début de son traité, deux puissances dans les hommes, l'une active, et l'autre passive : la puissance active est *la faculté de se mouvoir soi-même ;*

la puissance passive est la capacité d'être mu. On donne le nom de liberté à la puissance active. » Mais continuez la lecture du traité, et vous le verrez, après s'être escrimé contre ceux qui regardent la volonté comme le premier principe de tout ce qui est en nous (en quoi il a en vérité trop beau jeu), nier, sur ce qui fait le vrai point de la question, que la volonté soit la cause de nos actions volontaires. Pour lui, elle n'est qu'un ressort, le dernier ressort de l'âme : « C'est l'aiguille qui marque les heures sur une pendule et qui la pousse à sonner. » La volonté, comme l'aiguille, est elle-même déterminée par d'autres ressorts, « des ressorts plus profonds, » c'est-à-dire « nos idées et nos sentiments actuels ; » et, si elle peut éveiller nos pensées et assez souvent nos actions, elle n'est jamais « qu'un effet de quelque passion ou de quelque réflexion. » Il avait dit un peu plus haut : « La volonté n'est qu'un désir qui n'est pas combattu. »

Pour justifier cette opinion, Vauvenargues a recours à une espèce d'expérimentation : il invoque certains exemples.

Il suppose un homme sage soumis à une rude épreuve, où l'appât d'un plaisir trompeur met sa raison en péril, mais d'où le tire une volonté plus forte ; et il demande si c'est la volonté de cet homme qui a rendu sa raison victorieuse. « Si vous y pensez tant soit peu, répond-il à cette question, vous découvrirez au contraire que c'est la raison toute seule qui fait varier sa volonté ; cette volonté, combattue par une impression dangereuse, aurait péri sans ce secours. Il est vrai qu'elle vainc un sentiment actuel, mais c'est par des idées actuelles, c'est-à-dire par sa raison. »

Vauvenargues renverse ensuite son exemple : il

suppose le même homme succombant dans une autre occasion ; et, tout en convenant que cet homme sent irrésistiblement que c'est parce qu'il le veut et que c'est sa volonté qui le fait agir, il demande si cette volonté s'est formée de soi, ou si ce n'est pas un sentiment qui l'a mise dans son cœur. « Rentrez au dedans de vous-même, s'écrie-t-il, je veux m'en rapporter à vous : n'est-il pas manifeste que dans le premier exemple ce sont des idées actuelles qui surmontent un sentiment, et que dans celui-ci le sentiment prévaut, parce qu'il se trouve plus vif, ou parce que les idées sont plus faibles ? » Or il en est de même dans tous les cas, et par conséquent il faut convenir que si nous agissons souvent selon ce que nous voulons, « nous ne voulons jamais que selon ce que nous sentons ou selon ce que nous pensons : nulle volonté sans idées ou sans passions qui la précèdent. »

Il n'est pas difficile d'apercevoir la confusion qui existe ici dans la pensée de Vauvenargues et l'erreur qui s'y glisse à l'ombre de cette confusion. Accordons qu'il n'y ait point de volonté sans idées et sans passions qui la précèdent, c'est-à-dire sans motifs et sans mobiles ; il ne s'en suit pas que ces passions ou ces idées, ces mobiles ou ces motifs agissent sur elle irrésistiblement, nécessairement, fatalement, comme les ressorts de la montre sur l'aiguille, ou comme les poids sur la balance. Cette dernière question est très-différente de la première, et elle est la vraie question en cette matière. La question est en effet de savoir, non pas si la volonté peut se déterminer sans motif ou sans mobile, mais si elle est ou non la maîtresse de ses résolutions, ou, en d'autres termes, si l'âme est le théâtre d'un jeu fatal de phénomènes, ou s'il y a en elle une force libre qui l'arrache à l'empire de la fatalité. Mais Vauvenargues ne s'est pas borné à confondre ces deux points ; il est tombé dans une erreur plus grave, que cette confusion même a dissimulée à ses yeux, celle de nier dans l'homme l'existence d'une force libre, distincte du désir, et d'adopter le système de la nécessité absolue.

En faveur de ce système, qui est bien le sien, il n'invoque pas seulement l'expérience ; il prétend aussi l'appuyer directement sur la raison, ou le démontrer *à priori* par l'absurde. « Ce serait un vice énorme, dit-il, que l'on eût des volontés qui n'eussent point de principes : nos actions iraient au hasard ; il n'y aurait plus que des caprices ; tout ordre serait renversé. Il ne suffit donc pas de dire qu'il est vrai que la réflexion ou le sentiment nous conduise ; nous devons ajouter qu'il serait monstrueux que cela ne fût pas. »

Nous retrouvons ici la même confusion que j'ai relevée tout-à-l'heure : encore une fois, on peut bien admettre que la réflexion ou le sentiment nous conduit toujours sans abandonner pour cela la liberté de notre volonté ; mais ce que je voulais signaler dans ce passage, c'est le nouveau principe, le principe *rationnel*, sur lequel Vauvenargues prétend appuyer son système : en dehors de ce système, « nos actions iraient au hasard ; il n'y aurait plus que des caprices ; tout ordre serait renversé. » Nous voyons reparaître sous cette forme un des principaux arguments sur lesquels se fondent les partisans du système fataliste. C'est celui que le prince royal de Prusse, soutenant ce système contre Voltaire [1], opposait surtout à son antagoniste, et que plus tard d'Alembert ren-

---

[1] V. mon *Histoire des idées morales et politiques en France au XVIIIe siècle*, t. I, p. 271.

voyait au roi Frédéric, converti à la doctrine du libre arbitre [1]. C'est celui qui, dans les fameuses *antinomies* de Kant, forme la démonstration de l'antithèse opposée à la thèse de la liberté [2]. Admettre la liberté en nous, c'est renverser l'ordre qui veut que tout dans le monde, les actions des hommes comme les phénomènes de la nature, soit déterminé de telle sorte qu'il n'y ait de place nulle part pour le caprice ou le hasard; tel est le fond de cet argument.

Dans ce système, le sentiment que nous croyons avoir de notre liberté n'est plus qu'une illusion; mais comment expliquer cette illusion? Vauvenargues n'a point négligé ce point; et, chose curieuse, son explication rappelle celle du philosophe Spinoza, qu'il n'avait sans doute jamais lu.

« Nos pensées, dit-il, meurent au moment où leurs effets se font connaître; lorsque l'action commence, le principe est évanoui; la volonté paraît, le sentiment n'est plus; on ne le trouve plus en soi, et l'on doute qu'il y ait été. »

Mais si Vauvenargues n'avait pas lu Spinoza, il avait probablement lu Malebranche, ce philosophe si voisin du premier, que Malebranche a beau vouer à l'exécration, mais dont il se rapproche plus qu'il ne le pense; c'est du moins sa pensée que reproduit notre auteur, lorsque, voulant préciser l'objet de son discours, il en vient à dire : « Je ne me suis attaché à prouver la dépendance de la volonté à l'égard de nos idées que pour mieux établir notre dépendance totale et continue de Dieu. »

1. V. même ouvrage, t. II, p. 425.
2. V. ma traduction de la *Critique de la raison pure*, t. II, p. 61 et suiv., ou mon *Analyse* de cet ouvrage, p. LXXIV du t. Ier.

Tel est en effet le but où tendait Vauvenargues, tel est le principe auquel il se rattache en dernière analyse : *notre dépendance totale et continue de Dieu.* Et il ajoute pour compléter sa pensée : « Vous comprenez bien par là que j'établis aussi la nécessité de toutes nos actions et de tous nos désirs. »

C'est bien là, dans la forme comme dans le fond, le système de la nécessité absolue. Vauvenargues prétend cependant concilier la liberté avec ce système; mais il est évident d'avance qu'il ne peut l'y faire rentrer qu'à la condition de la dénaturer. « C'est toujours Dieu, dit-il, qui agit dans toutes les circonstances ; mais quand il nous meut malgré nous, cela s'appelle *contrainte ;* et quand il nous conduit par nos propres désirs, cela s'appelle *liberté.* » Je le demande, est-ce bien là la liberté ? Si c'est toujours et uniquement Dieu qui agit en nous, de quelque manière qu'il y agisse d'ailleurs et quelques noms que l'on donne à ses divers modes d'action, en réalité nous ne sommes jamais libres. Il est impossible de sortir de là.

Vauvenargues ne se dissimule pas d'ailleurs les objections que soulève ce système, et il essaie d'y répondre dans la dernière partie de son traité (*Réponses aux conséquences du système de la nécessité*). Je dois pour achever de vous faire connaître sa pensée sur cette question, parcourir avec vous ces réponses ; je le ferai aussi rapidement que possible.

La première conséquence est celle-ci : « Si c'est Dieu qui est l'auteur de nos bonnes actions et que tout soit en nous par lui, il est aussi l'auteur du mal. » Vauvenargues ne recule pas devant cette conséquence ; seulement il n'accepte pas celle qu'on en tirerait contre la perfection divine. Selon lui, la vie n'est qu'*une sorte d'imperfection*, inhérente, comme toute autre imperfection, à la créature, et d'où l'on ne peut rien conclure contre la perfection du créateur. Que si l'on réplique qu'il serait injuste de punir dans les créatures une imperfection nécessaire, Vauvenargues convient que cela est injuste selon *l'idée que nous avons de la justice ;* mais il ne pense pas « que la justice humaine soit essentielle au créateur, » qui « ne dépend que de lui seul, n'a que sa volonté pour règle et son bonheur pour unique fin. » Si Dieu accorde aux uns des grâces qu'il refuse aux autres, et si, pouvant sauver tous les hommes, il ne le fait pas, « il faut conclure qu'il ne le veut pas et qu'il a raison de ne le pas vouloir. » On est étonné de voir le jeune officier donner ici la main aux plus sombres théologiens, et l'on serait tenté de croire qu'il y a là quelque ironie à leur adresse. Je reviendrai tout-à-l'heure sur cette conjecture, mais achevons d'abord l'analyse du traité.

Il y a encore une *Réponse* à une autre conséquence du système de la nécessité : « Si tout est nécessaire, il n'y a plus de vice. » Vauvenargues répond « qu'une chose est bonne ou mauvaise en elle-même, et nullement parce qu'elle est nécessaire ou ne l'est pas. » Pour être nécessaire, le vice n'en est pas moins le vice ; seulement le vice, dans ce système, ne peut être qu'une maladie, une *maladie de l'âme.* Si l'on réplique qu'il ne faut donc traiter les vicieux que comme des malades, Vauvenargues l'accorde sans difficulté : « Rien n'est si juste, rien n'est plus humain ; il faut traiter le scélérat comme un malade. » C'est même là, selon lui, un des mérites de son système ; il rappelle plus fortement les hommes à la pitié, à la clémence, aux plus nobles sentiments de l'humanité.

Telle est la doctrine exposée par Vauvenargues dans son *Traité sur le libre arbitre*. C'est, je le répète, le système de la nécessité absolue ou du fatalisme. Je reprends maintenant la question que je posais au commencement : comment Vauvenargues a-t-il pu entreprendre de soutenir un tel système ?

J'ai déjà dit qu'il était resté fidèle jusqu'à la fin de sa vie aux principales conclusions de ce traité. Par conséquent, on n'y saurait voir soit un paradoxe de jeune homme, soit un exercice de raisonnement où l'auteur aurait pris le contre-pied de ses propres idées pour en mieux sonder la valeur, soit enfin une sorte d'ironie à l'adresse de certains théologiens, comme un autre écrit, l'*Imitation de Pascal,* qui a évidemment ce caractère. Il y a sans doute dans ce traité même tel passage qui est à l'adresse des théologiens et qui a pour but de les réfuter par leurs propres arguments ; il y a aussi telle phrase de soumission à l'Église qui excède bien certainement la croyance de l'auteur et qui n'est rien de plus qu'une de ces formules dont les écrivains du xviiie siècle étaient forcés d'user pour se mettre à l'abri des coups d'une autorité redoutable ; mais tout cela ne prouve point que la thèse même de la nécessité n'exprime pas la vraie pensée de Vauvenargues. Comment donc expliquer un tel système chez un tel homme ? Faut-il, comme le propose le dernier éditeur de Vauvenargues, M. Gilbert, faut-il voir dans cette opinion extrême le douloureux ressentiment des chagrins particuliers de l'auteur ? Faut-il croire que « trouvant toujours en lui, précisément parce qu'il a l'âme haute, une plus grande puissance de vouloir que d'atteindre, » Vauvenargues, sous le coup de tant d'espérances brisées et de tant de bonne volonté perdue, nie la volonté dans son principe parce qu'elle est souvent impuissante dans ses effets, et conclut que l'homme n'est pas libre parce que la volonté ne reçoit pas toujours le prix même des plus nobles efforts[1]? Mais plus Vauvenargues a eu à lutter et plus il a déployé de force de volonté contre sa malheureuse destinée, plus il devait développer en lui le sentiment de cette libre volonté. La volonté et le sentiment que nous en avons sont indépendants des résultats : c'est *l'effort* qui la caractérise et qui en redouble le sentiment. Il est vrai que, d'après le témoignage de Voltaire dans les lignes que je vous ai lues, sa vertu ne lui coûtait point d'efforts, et peut-être ceci pourrait-il déjà servir à expliquer, au moins en partie, ce que nous cherchons. Un autre critique, qui, bien que jeune encore, a déjà un nom célèbre, M. Prévost-Paradol[2] (*Les moralistes français*, p. 227), a fort bien montré que la théorie de Vauvenargues sur la liberté est inséparable de ses autres vues sur la nature humaine et sur le monde, et la suite même de cette étude confirmera ce lien logique. Mais ma question revient toujours : comment Vauvenargues n'a-t-il pas reculé devant un système qui a pour conséquence la négation de la liberté de l'homme? A cela je réponds tout simplement : c'est que, d'une part, il se trompe sur la thèse de la liberté : il s'ima-

---

1. V. la note de la page 208.
2. En retrouvant ici le nom d'un homme dont j'avais pu apprécier, dès 1848, comme son professeur, l'esprit si distingué et le talent si extraordinairement précoce, et dont la carrière était alors (1867) si brillante, je ne puis songer sans tristesse à la déplorable fin qui la termina si tôt. Il est juste de mettre cette perte si regrettable au compte de cette sanglante comédie qui s'est appelé « l'Empire libéral. » Prévost-Paradol ne s'est pas pardonné de s'être laissé prendre à ce piége grossier, et il s'en est trop cruellement puni.

gine qu'elle consiste à soutenir l'indépendance absolue de la volonté ; et que, d'autre part, il se fait illusion sur la nature et la portée de celle de la nécessité : il la croit conciliable avec la vertu, qu'il pense rattacher ainsi à son principe. Ajoutez à cela la bonté même et la générosité de son âme plaidant chez lui en faveur d'une doctrine qui lui paraît de nature à augmenter encore les sentiments d'humanité.

Nul doute que ce dernier motif n'ait contribué à rendre ce système cher aux philosophes dont nous aurons à parler après Vauvenargues, mais qui appartiennent à une tout autre philosophie. Car, chose curieuse, mais dont l'histoire de la philosophie offre bien d'autres exemples, ces matérialistes, Helvétius, Volney, etc., et ce spiritualiste, Vauvenargues, se rencontrent dans une commune négation de la liberté de l'homme. Ce que le dernier absorbe en Dieu, les autres l'absorbent dans la nature.

Arrivons à la seconde des deux questions fondamentales de la morale, à celle de la *distinction du bien et du mal*, ou du principe et de la nature de cette distinction.

Vauvenargues regardait avec raison cette question comme capitale, et il en relevait ainsi l'importance : « Je disais quelquefois en moi-même : il n'y a point de démarche indifférente dans la vie ; si nous la conduisons sans la connaissance de la vérité, quel abîme ! Qui sait ce qu'il doit estimer, ou mépriser, ou haïr, s'il ne sait ce qui est bien ou ce qui est mal ? Et quelle idée aura-t-on de soi-même, si l'on ignore ce qui est estimable ? »

C'est précisément en vue de répondre à cette question qu'il avait entrepris l'ouvrage intitulé *Introduction à la connaissance de l'esprit humain*, dont le *Dis-*

cours préliminaire contient les lignes que je viens de citer, et dont le dernier livre (livre III) a pour objet spécial cette question même.

Malheureusement cet ouvrage est resté à l'état d'ébauche. Vauvenargues en avait conçu le plan et posé les fondements à l'époque où il cherchait à remplir par la méditation et l'étude le vide de sa vie de garnison; mais, comme il nous l'apprend lui-même, « les passions inséparables de la jeunesse, des infirmités continuelles, la guerre survenue dans ces circonstances » (la guerre d'Allemagne qui se termina par cette retraite de Prague où sa santé, déjà si faible, fut si rudement ébranlée), tout cela interrompit le long travail commencé ; plus tard, il se vit empêché de le reprendre et d'y mettre la dernière main par de nouveaux contre-temps, les tristes incidents de sa vie que je vous ai racontés : la maladie qui acheva de ruiner sa santé, le séjour qu'il fit à Paris dans un état voisin de la pauvreté, le sentiment de sa fin prochaine. Il se résigna donc à le faire paraître tel qu'il était; mais tel qu'il était, il obtenait ce témoignage de Voltaire (*Éloge funèbre des officiers morts dans la guerre de* 1742) : « Je ne dis pas que tout soit égal dans ce livre ; mais si l'amitié ne me fait pas illusion, je n'en connais guère qui soit plus capable de former une âme bien née et digne d'être instruite. »

Voltaire y vantait surtout le chapitre consacré à la question *du bien et du mal moral :* « J'ignore si jamais aucun de ceux qui se sont mêlés d'instruire les hommes a rien écrit de plus sage que son chapitre sur le bien et le mal moral. »

Ce chapitre est précisément celui que nous avons à consulter ici ; il va nous apprendre ce que Vauvenargues pensait du bien et du mal moral.

Voici d'abord comment il les définit dès le début :

« Ce qui n'est bien ou mal qu'à un particulier et qui peut être le contraire de cela à l'égard du reste des hommes, ne peut être regardé en général comme un mal ou comme un bien.

Afin qu'une chose soit regardée comme un bien par toute la société, il faut qu'elle tende à l'avantage de toute la société; et afin qu'on la regarde comme un mal, il faut qu'elle tende à sa ruine : voilà le grand caractère du bien et du mal moral. »

Tel est pour Vauvenargues le caractère du bien et du mal moral, et par conséquent le critérium qui doit servir à les distinguer l'un de l'autre. C'est, comme vous le voyez, un caractère tout *social* : Vauvenargues ne voit le bien et le mal moral que dans leurs rapports avec la société ; c'est de là qu'il en tire la définition, et c'est là qu'il en place le fondement.

« Les hommes, dit-il, étant imparfaits n'ont pu se suffire à eux-mêmes : de là la nécessité de former des sociétés. Qui dit société, dit un corps qui subsiste par l'union de divers membres et confond l'intérêt particulier dans l'intérêt général : c'est là le fondement de toute la morale. »

Ainsi le fondement de la morale est dans l'état de société, et la morale n'a d'autre but que de régler les rapports des hommes réunis en société, c'est-à-dire qu'elle rentre tout entière dans la *morale sociale*.

Cette réduction de la morale à la morale sociale est un trait commun à la plupart des philosophes du xviiie siècle. Elle s'explique, comme j'ai déjà eu occasion de le dire dans d'autres cours [1], par la

---

1. V. *La morale dans la démocratie*, p. 17.

réaction de cette époque contre cette morale mystique qui, ne s'attachant qu'au *salut de l'âme*, négligeait le *bien social*. Le xviiie siècle, au contraire, se préoccupe du bien social au point d'y ramener toute la morale. Vauvenargues lui-même, malgré ce goût et cette habitude de la méditation intérieure qui le distingue de la plupart des philosophes de son temps, se laisse entraîner dans ce courant. Il est vrai aussi que son amour de l'action, qui, pour être contrarié par les circonstances, n'en était pas moins vif, devait le porter naturellement de ce côté. La vie qui lui convient, ce n'est pas la vie contemplative, c'est la vie active, la vie politique; et ce n'est que parce qu'il lui est interdit de prendre son essor vers cette région, qu'il se replie sur lui-même et médite, pareil à un oiseau dont l'aile aurait été brisée, mais qui, du haut de son rocher solitaire, ne cesserait de tourner les yeux vers les champs de l'air où il ne peut s'envoler, et mourrait le regard fixé sur ces libres espaces.

La même préoccupation éclate dans les définitions que Vauvenargues, après avoir défini le bien et le mal moral, donne de la vertu et du vice. Ici, comme tout-à-l'heure, on voit que notre philosophe ne regarde la morale que par son côté social. La définition qu'il donne de la vertu ne s'applique rigoureusement qu'aux vertus sociales : c'est qu'il ne songe en effet qu'à celles-là ; il oublie les vertus individuelles ou ne les regarde elles-mêmes que comme des vertus sociales.

« La préférence de l'intérêt général au personnel, dit-il, est la seule définition qui soit digne de la vertu et qui doive en fixer l'idée; au contraire le sacrifice mercenaire du bonheur public à l'intérêt propre est le sceau éternel du vice. »

Vous le voyez, c'est uniquement la *vertu sociale* que Vauvenargues définit ici en croyant définir la vertu en général. Tel est, en effet, le caractère constant de sa morale, comme de celle de la plupart des philosophes de son temps.

Vous le voyez aussi, pour lui le *désintéressement* est la condition et le signe de la vertu, puisqu'il la fait consister dans la préférence de l'intérêt général au personnel, comme il fait consister le vice dans la préférence de l'intérêt propre à l'intérêt général. Que si on lui objecte, en s'appuyant sur les maximes de La Rochefoucauld, que peut-être les vertus qu'il a peintes comme un sacrifice de notre intérêt propre à l'intérêt public ne sont qu'un pur effet de l'amour de nous-mêmes, et que peut-être ne faisons-nous le bien que parce que nous trouvons notre plaisir dans ce sacrifice, il répond que la vertu ne cesse pas d'être différente du vice parce qu'on se plaît dans son usage, que le bien où l'on se plaît ne change pas pour cela de nature et qu'il est toujours le bien [1].

Vauvenargues distingue d'ailleurs deux espèces de vertus : les unes qui sont *naturelles*, ou qui sont des *vertus de tempérament ;* les autres qui sont *acquises*, ou qui sont les *fruits pénibles* de ce qu'il appelle improprement, ou du moins d'une manière trop vague, la *réflexion*. Voltaire faisait remarquer que les premières sont plutôt des *qualités heureuses*, et que les secondes seules méritent le nom de vertus. Cette remarque est juste, mais il en est une autre à faire ici :

---

[1]. C'est la même réponse que Schiller adressait plus tard au système moral de Kant, dans cette épigramme rappelée par Mme de Staël (*De l'Allemagne*, 3me partie, chap. XVI) : « Je trouve du plaisir à servir mes amis ; il m'est agréable d'accomplir mes devoirs : cela m'inquiète, car alors je ne suis pas vertueux. »

c'est que, dans la pensée de Vauvenargues, ces dernières mêmes ne sont guère que des qualités heureuses, et que la ligne qui sépare les unes des autres est bien légère à ses yeux, ce qui est parfaitement conforme à la théorie que nous lui avons vu exposer plus haut touchant la liberté. Il convient bien que *nous mettons ordinairement les dernières à un plus haut prix, parce qu'elles nous coûtent davantage et que nous les estimons plus à nous parce qu'elles sont les effets de notre fragile raison ;* mais il ajoute : « La raison elle-même n'est-elle pas un don de la nature comme l'heureux tempérament, et l'heureux tempérament exclut-il la raison ? »

Aussi, lorsque, plus loin, il veut réfuter ceux qui confondent la vertu et le vice et rétablir contre eux la réalité de cette distinction, leur demande-t-il ce qui peut les empêcher de voir qu'il y a des *qualités* qui tendent naturellement au bien du monde ; et c'est dans « ces premiers sentiments élevés, courageux, bienfaisants à tout l'univers et par conséquent estimables à l'égard de toute la terre, » qu'il leur montre la vertu.

Mais ici nous touchons à un nouveau point de la doctrine morale de Vauvenargues, qu'il importe de détacher et de préciser. Nous savons déjà ce que c'est pour lui que le bien ou le mal moral et ce que c'est que la vertu en général ; il s'agit maintenant de savoir quelle est à ses yeux la nature du principe qui nous éclaire en cette matière et du ressort qui nous fait agir. Or c'est à quoi nous conduit précisément la définition que je viens de rapporter.

Cette définition nous indique déjà, en effet, que pour Vauvenargues le principe et le mobile de la vertu est dans le *sentiment*, ou, suivant une expression chère à ce moraliste, dans le *cœur*.

Le sentiment, le cœur, voilà bien, selon lui, le principe qui nous éclaire et le ressort qui doit nous faire agir en matière de bien moral. Vauvenargues appartient ainsi à ce que l'on nomme en philosophie l'*école sentimentale* ou *instinctive*. Il n'exclut pas sans doute la raison, mais celle-ci n'est pas pour lui une faculté intellectuelle capable de tirer d'elle-même les idées de bien et de mal et d'engendrer par elle-même des actes de vertu ; elle n'est que la *réflexion* et le *raisonnement*, et n'a de valeur et de rôle qu'à ce titre, de telle sorte que c'est toujours le sentiment, l'instinct, la passion, le cœur, qui en définitive reste le principe, la règle et le mobile.

Cette subordination de la raison au sentiment, de la réflexion au cœur, qui est un des traits distinctifs de la philosophie morale de Vauvenargues, se manifeste, non seulement dans cet ouvrage théorique qu'i a intitulé *Introduction à la connaissance de l'esprit humain*, mais dans un très-grand nombre de ses *Maximes*, et, entre autres, dans celles-ci qui forment comme une même série :

« La raison nous trompe plus souvent que la nature (123, éd. Gilbert, p. 385). »

La *nature*, c'est ici le sentiment ou le cœur, par opposition à la réflexion ou au raisonnement, que Vauvenargues désigne par le mot de *raison*.

« La raison ne connaît pas les intérêts du cœur (124). »

Maxime qui rappelle cette pensée de Pascal :
Le cœur a ses raisons que la raison ne connaît pas.

« Si la passion conseille quelquefois plus hardiment que la réflexion, c'est qu'elle donne plus de force pour exécuter (125). »

« Si les passions font plus de fautes que le jugement, c'est par la raison que ceux qui gouvernent font plus de fautes que les hommes privés (126). »

Maxime approuvée par Voltaire, mais que Morellet trouvait en contradiction avec celle que j'ai notée en premier lieu. Suard explique très-bien cette contradiction apparente : « Je crois qu'il faut entendre par la première de ces deux maximes que la raison nous trompe, *proportion gardée*, plus souvent que la nature, Vauvenargues croyant, comme il l'établit dans la seconde maxime, que la raison a moins souvent occasion de faire des fautes que la nature, parce que le nombre des actions qu'elle dirige est beaucoup moins considérable. »

« Les grandes pensées viennent du cœur (127). »

Maxime qui rappelle le mot de Quintilien : *Pectus est quod disertos facit* (c'est le cœur qui fait l'éloquence), et qu'on a aussi rapprochée de celui de Madame de Lambert (morte un an après Vauvenargues, en 1748) : « Rien ne peut plaire à l'esprit qui n'ait passé par le cœur, » mais qui va plus loin que l'un et l'autre : l'idée de Vauvenargues est que c'est le cœur qui inspire les grandes pensées, qu'il est la source, le foyer d'où elles jaillissent.

La maxime suivante révèle bien l'esprit de la doctrine de Vauvenargues :

« Le bon instinct n'a pas besoin de la raison, mais il la donne (128). »

En voici une à côté de laquelle Voltaire écrivait justement ces mots : « C'est grand. »

« La magnanimité ne doit pas compte à la prudence de ses motifs (130). »

Après deux autres (131-132) que je passe, parce qu'elles ne font que répéter celles qui précèdent, j'en trouve trois qui ont pour objet la *conscience*. La *conscience*, que Rousseau appellera bientôt un *instinct divin*, une *céleste voix* [1], est, pour Vauvenargues, *la plus changeante* des règles (133). — « Présomptueuse dans les sains, timide dans les faibles et les malheureux, inquiète dans les indécis, etc. », c'est « un organe obéissant du sentiment qui nous domine et des opinions qui nous gouvernent (135). » D'où vient sur ce point cette différence entre Vauvenargues et Rousseau, qui appartient pourtant, lui aussi, à l'école du sentiment? C'est que le dernier admet sous le nom de conscience une sorte d'instinct spécial qui nous sert à juger tous les autres instincts et nos actions, tandis que le premier s'en remet aux instincts eux-mêmes du soin de nous éclairer et de nous diriger.

Quoi qu'il en soit sur ce point, il résulte de ce qui précède que c'est dans la passion, dans le sentiment, dans le cœur, que Vauvenargues place non-seulement le ressort de l'âme, mais sa lumière et sa règle, et qu'il lui subordonne ou lui sacrifie la raison, laquelle n'est d'ailleurs pour lui que la réflexion ou le raisonnement. Je ne m'arrêterai pas à relever l'exagération de cette doctrine, qui aussi bien n'a pas dans Vauvenargues le caractère d'une théorie parfaitement systématique, et que lui-même en d'autres maximes ramène à la vérité, comme quand il dit, au risque de se contredire : « L'esprit est l'œil de l'âme, non sa force ; sa force est dans le cœur, c'est-à-dire dans les passions. La raison la plus éclairée ne donne pas d'agir ou de

---

1. V. *Histoire des idées morales et politiques en France au* XVIIIe *siècle*, t. II, p. 131.

vouloir. Suffit-il d'avoir la vue bonne pour marcher? Ne faut-il pas encore avoir des pieds, et la volonté avec la puissance de les remuer (149) ; » ou même encore : « La raison et le sentiment se conseillent et se suppléent tour à tour. Quiconque ne consulte qu'un des deux et renonce à l'autre se prive inconsidérément d'une partie des secours qui nous ont été donnés pour nous conduire. » J'aime mieux chercher ce qui explique cette exagération en cherchant ce qui explique cette doctrine elle-même.

Pour la bien comprendre, il faut se la représenter comme une réaction contre la morale de Pascal et des Jansénistes, contre cette *morale austère* qui, suivant l'expression même de Vauvenargues dans une de ses maximes (166), *anéantit la vigueur de l'esprit, comme les enfants d'Esculape détruisent le corps pour détruire un vice du sang souvent imaginaire.* Vauvenargues admire beaucoup Pascal comme écrivain, et l'imite quelquefois; mais la doctrine du farouche janséniste lui est profondément antipathique. Pascal nous montre partout la misère et le néant dans la nature originellement corrompue de l'homme, et il croit la relever en proscrivant les sentiments les plus naturels et les plus légitimes et en prêchant une vertu qui n'a plus rien d'humain; Vauvenargues, au contraire, ne veut pas croire que ce que la nature a fait aimable soit vicieux (Max. 122); il réhabilite les passions, les passions nobles, bien entendu, et à cette vertu *imaginaire (ibid.)*, qui est la mort de l'âme, il oppose, non pas la morale commode, — il raille au contraire les auteurs qui traitent la morale comme on traite la nouvelle architecture, où l'on cherche avant toutes choses la commodité, — mais une vertu *active*, *humaine* et en même temps *aimable*. Seulement il dépasse le but à son tour, en réhabilitant la passion au point d'y sacrifier ou d'y subordonner la raison. C'est sa réaction contre la morale de Pascal qui le pousse à cette autre extrémité.

Mais la morale de Vauvenargues ne réagit pas moins contre l'esprit de La Rochefoucauld, qui nie la vertu en prétendant que l'amour-propre en est l'invariable principe, que contre celui de Pascal et des Jansénistes, qui la rétrécissent en croyant la relever par le retranchement de tout élément humain; et, pour comprendre cette morale tout entière, il faut tenir compte à la fois de cette double réaction. Pascal et La Rochefoucauld sont comme deux pôles opposés qui repoussent également Vauvenargues. Contre le premier, il veut rendre à la vertu son caractère humain et social; et il prétend en même temps en maintenir la nature propre contre les explications négatives du second.

C'est celui-ci qu'il a en vue quand il écrit :

« Plusieurs philosophes rapportent généralement à l'amour-propre toutes sortes d'attachements. Ils prétendent qu'on s'approprie tout ce que l'on aime, qu'on n'y attache que son plaisir et sa satisfaction, qu'on se met soi-même avant tout, jusque-là qu'ils nient que celui qui donne sa vie pour un autre le préfère à soi. Ils passent le but en ce point; car, si l'objet de notre amour nous est plus cher sans l'être que l'être sans l'objet de notre amour, il paraît que c'est notre amour qui est notre passion dominante, et non notre individu propre, puisque tout nous échappe avec la vie, le bien que nous nous étions approprié par notre amour, comme notre être véritable. Ils répondent que la passion nous fait confondre dans ce sacrifice notre vie et celle de l'objet aimé; que nous croyons n'abandonner qu'une partie de nous-mêmes pour conserver l'autre; au moins ils ne peuvent nier que celle que nous conservons nous paraît plus considérable que celle que nous abandonnons. Or, dès que nous nous regardons comme la moindre partie dans le tout, c'est une préférence manifeste de l'objet aimé. »

Vauvenargues oppose à La Rochefoucauld une distinction qui peut paraître subtile, et qui n'est pas suffisamment marquée par les termes que lui fournit la langue française, mais qui n'en est pas moins juste et profonde : je veux parler de la distinction entre *l'amour de soi*, qui peut se répandre hors de soi ou chercher hors de soi son bonheur, et *l'amour-propre*, qui est à lui-même son seul objet et sa seule fin et se fait le centre de tout. C'est la distinction que Rousseau [1] opposera à son tour à Helvétius, ce continuateur de La Rochefoucauld.

Vous avez maintenant une idée nette de la vertu telle que la conçoit Vauvenargues : elle a son principe dans la passion, mais dans les passions nobles et désintéressées, dans celles qui tendent au bien de la société. C'est là ce qui fait, selon lui, sa force et sa beauté. C'est par là que l'homme peut vivre d'une vie digne de sa nature et jouir du plus grand bonheur qu'il puisse obtenir en ce monde. Ce n'est pas que Vauvenargues pense comme les Stoïciens, ses maîtres à quelques égards, que la vertu suffise à rendre l'homme parfaitement heureux. Rappelez-vous ce mot mélancolique du portrait de l'*homme vertueux dépeint par son génie* : « Je remercie à genoux la nature de ce qu'elle a fait des *vertus indépendantes du bonheur ;* » mais rappelez-vous aussi ce portrait de *Clazomène* (ou *la vertu malheureuse*), où l'auteur peint un homme de bien en butte à toutes les misères humaines, malheureux par elles, mais, tout affligé qu'il est de sa destinée,

---

1. V. *Histoire des idées morales et politiques en France au* XVIIIe *siècle*, t. II, p. 147).

déclarant qu'il n'eût point voulu changer sa misère pour la prospérité des hommes faibles. C'est que si, selon Vauvenargues, la vertu ne peut empêcher l'homme d'être malheureux, elle lui donne au moins la plus haute satisfaction qu'il puisse éprouver ici-bas.

TROISIÈME LEÇON

VAUVENARGUES

(SUITE ET FIN)

SES IDÉES MORALES ET POLITIQUES

Nous avons vu comment Vauvenargues répond aux deux questions fondamentales du libre arbitre et de la distinction du bien et du mal moral ; et, en étudiant sa pensée sur ces deux points, nous avons constaté les caractères généraux de sa morale. Il nous reste à en rechercher les applications particulières, en examinant de ce point de vue les *Réflexions et Maximes*, auxquelles nous avons déjà eu recours pour les grandes questions qui ont dû d'abord nous occuper.

Il est difficile d'analyser un livre comme celui-ci, composé de réflexions et de maximes détachées et sans aucun lien entre elles pour la plupart. Il nous faut cependant mettre un peu d'ordre dans l'étude que nous avons à en faire, en ramenant les idées qu'il nous offre à un certain nombre de points classés le mieux possible. Nous avons ici devant nous une foule de diamants jetés pêle-mêle dans un même casier ; je voudrais être pour vous le lapidaire qui les réunirait d'après la disposition la plus propre à les faire briller à vos yeux, et qui en même temps vous aiderait à en éprouver la valeur en vous mettant entre les mains la pierre de touche nécessaire. Parlons plus simplement, je voudrais grouper les pensées de Vauvenargues suivant un ordre (cet ordre lumineux recommandé par Horace, *lucidus ordo*), qui en fît ressortir l'esprit et la valeur.

J'établirai d'abord une grande division dans ces pensées éparses. Je les diviserai en deux groupes comprenant, l'un, celles qui se rapportent à la morale proprement dite, et l'autre, celles qui se rattachent à la philosophie politique. Cette division n'a rien d'arbitraire : elle est, au contraire, parfaitement conforme à la nature même des idées que nous offrent les *Réflexions et Maximes*, dont un grand nombre ont, en effet, comme on doit l'attendre d'un écrivain tel que Vauvenargues, un caractère politique.

J'ai dit dans la dernière leçon que la morale de Vauvenargues était une morale essentiellement *humaine :* elle est pénétrée d'un profond amour de l'humanité, et, en même temps que d'une vive admiration pour ses grands côtés, d'une grande indulgence pour ses imperfections et ses faiblesses. Aussi, comme je vous l'ai déjà montré, Vauvenargues se sépare-t-il à la fois de Pascal et de La Rochefoucauld.

Il part de ce principe que les hommes ne peuvent être ni tout-à-fait bons, ni tout-à-fait vicieux, et il regarde l'opinion contraire comme la source de toutes nos erreurs et de toutes nos divisions dans la morale (M. 31).

Il s'élève donc contre cette exagération du Jansénisme chrétien, renouvelé du Stoïcisme païen, qui consiste à croire que les hommes sont tout-à-fait mauvais quand ils ne sont pas tout-à-fait bons.

« Nous avons tort, dit-il (M. 287), de penser que quelque défaut que ce soit puisse exclure toute vertu, ou de regarder l'alliance du bien et du mal comme un monstre ou comme une énigme ; c'est faute de pénétration que nous concilions si peu de choses. »

Cette maxime va droit à Pascal, comme l'a remarqué Voltaire ; et il en est de même de celle-ci, bien que les expressions dont se sert Vauvenargues ne conviennent nullement à ce génie égaré sans doute, mais si sincère et si profond :

« Les faux philosophes s'efforcent d'attirer l'attention des hommes en faisant remarquer dans notre esprit des contrariétés et des difficultés qu'ils forment eux-mêmes ; comme d'autres amusent les enfants par des tours de cartes qui confondent leur jugement, quoique naturels et sans magie. Ceux qui nouent ainsi les choses pour avoir le mérite de les dénouer, sont les charlatans de la morale (288). »

Maxime à laquelle se joint immédiatement celle-ci (289), qui sert à la confirmer : « Il n'y a point de contradictions dans la nature. »

La réaction que la doctrine de Pascal produit dans l'esprit de Vauvenargues est si forte qu'elle l'entraîne lui-même trop loin. Ainsi, s'il a raison de dire (M. 463) que « nous pouvons parfaitement connaître notre imperfection, sans être humiliés par cette vue, » comment cela même peut-il être un signe de noblesse, ainsi que le dit la maxime précédente : « Ce qui me paraît le plus noble dans notre nature, est que nous pouvons nous passer si aisément d'une plus grande perfection ? »

J'aime mieux celle (176) où l'auteur établit comme un fait résultant du sentiment même de notre propre faiblesse que les défauts que nous reconnaissons dans les autres ne nous empêchent pas et ne doivent pas nous empêcher de les aimer :

« On peut aimer de tout son cœur ceux en qui on reconnaît de grands défauts. Il y aurait de l'impertinence à croire que la perfection a seule droit de nous plaire; nos faiblesses nous attachent quelquefois les uns aux autres autant que pourrait faire la vertu. »

Si Vauvenargues défend ainsi la nature humaine contre les anathèmes d'un christianisme outré, il ne la défend pas moins contre les calomnies de La Rochefoucauld. Il veut la relever à la fois de ces deux côtés et la réconcilier avec elle-même. Les maximes qui sont à l'adresse de La Rochefoucauld ne sont pas moins nombreuses chez lui que celles qui s'adressent à Pascal; et d'ailleurs comme, chose remarquable, ces deux esprits, si différents, se rencontrent en ce point qu'ils nient également les vertus humaines, les maximes de Vauvenargues qui ont pour but de les rétablir, s'appliquent ainsi tout ensemble à l'un et à l'autre. En voici quelques-unes choisies dans une assez longue série, qui sont évidemment dirigées contre La Rochefoucauld, mais qui pourraient être aussi retournées contre Pascal :

« On suppose que ceux qui servent la vertu par réflexion la trahiraient pour le vice utile : oui, si le vice pouvait être tel aux yeux d'un esprit raisonnable (293). » — « Il y a des semences de bonté et de justice dans le cœur des hommes. Si l'intérêt propre y domine, j'ose dire que cela est non-seulement selon la nature, mais aussi selon la justice, pourvu que personne ne souffre de cet amour-propre, ou que la société y perde moins qu'elle n'y gagne (294). » — « Le corps a ses grâces, l'esprit ses talents; le cœur n'aurait-il que des vices? Et l'homme, capable de raison, serait-il incapable de vertu (297)? » — « Nous sommes susceptibles d'amitié, de justice, d'humanité, de compassion et de raison. O mes amis, qu'est-ce donc que la vertu? »

C'est encore contre La Rochefoucauld qu'est dirigée la maxime suivante (219), que je tiens à citer, parce qu'elle montre bien le but que poursuit Vauvenargues : *relever l'homme et lui restituer toutes ses vertus.*

« Il y a peut-être autant de vérités parmi les hommes que d'erreurs, autant de bonnes qualités que de mauvaises, autant de plaisirs que de peines ; mais nous aimons à contrôler la nature humaine, pour essayer de nous élever au-dessus de notre espèce, et pour nous enrichir de la considération dont nous tâchons de la dépouiller. Nous sommes si présomptueux que nous croyons pouvoir séparer notre intérêt personnel de celui de l'humanité, et médire du genre humain sans nous compromettre. Cette vanité ridicule a rempli les livres des philosophes d'invectives contre la nature. L'homme est maintenant en disgrâce chez tous ceux qui pensent, et c'est à qui le chargera de plus de vices; mais peut-être est-il sur le point de se relever et de se faire restituer toutes ses vertus. »

N'y a-t-il pas dans ces dernières lignes comme un pressentiment de la grande révolution intellectuelle et morale que va entreprendre le XVIIIe siècle ? Mais voyons quelles sont ces *vertus* que Vauvenargues voudrait restituer à l'homme, ou quelles sont celles qu'il lui recommande surtout et comment il les lui présente.

Il faut remarquer d'abord, ce qui est parfaitement conforme à sa théorie générale de la vertu, et non moins conforme à l'impulsion de sa propre nature, qu'au lieu de séparer l'*amour de la gloire* et la *vertu*, il les réunit, on pourrait dire les confond, et cherche dans la première le mobile et la récompense de la seconde. Un très-grand nombre de ses maximes ont pour but de célébrer cette union, celle-ci par exemple :

« Nous avons si peu de vertus que nous nous trouvons ridicules d'aimer la gloire (59). » — « Si les hommes n'avaient pas aimé la gloire, ils n'avaient ni assez d'esprit, ni assez de vertu, pour la mériter (152). » — « Celui qui recherche la gloire par la vertu ne demande que ce qu'il mérite (295). » — « La gloire remplit le monde des vertus, et, comme un soleil bienfaisant, elle couvre toute la terre de fleurs et de fruits (495). » — « La gloire embellit les héros (496). » — « N'est-il pas impertinent que nous regardions comme une vanité ridicule ce même amour de la vertu et de la gloire que nous admirons dans les Grecs et les Romains, hommes comme nous, et moins éclairés (507). »

Tout en accordant à Vauvenargues que l'amour de la gloire est capable de produire dans le monde de grandes choses et qu'il est pour la vertu un très-utile auxiliaire, on peut aussi, sans retomber pour cela dans cette morale outrée qu'il proscrit justement, lui reprocher de confondre l'amour de la gloire et celui de la vertu, comme si en effet ces deux mobiles n'en faisaient qu'un, et comme si la vertu n'avait pas, aux yeux de la morale, d'autant plus de valeur qu'elle est plus pure de tout mobile de ce genre. Qu'un homme sacrifie obscurément sa vie à son devoir ; bien plus, qu'il affronte, pour obéir à la voix de sa conscience, une mort ignominieuse et qu'il meure, comme le dit Rousseau du juste de Platon, *couvert de tout l'opprobre du crime,* alors *qu'il est digne de tous les prix de la vertu;* est-ce que sa vertu n'est pas mille fois plus pure et plus haute que celle de ces héros que, suivant l'expression de Vauvenargues, la gloire embellit? Ici se révèle, il faut bien le reconnaître, le côté faible de la morale de Vauvenargues : il fait beaucoup trop bon marché de la *conscience,* dont Rousseau va se faire bientôt l'éloquent interprète.

Quoi qu'il en soit sur ce point, cherchons quelles sont pour Vauvenargues les vertus capitales. On peut dire, sans forcer sa pensée, que ces vertus sont pour lui le *courage*, dans l'individu, et l'*humanité*, dans les rapports des hommes entre eux, et que c'est de celles-là qu'il fait sortir toutes les autres. Bien que, comme je l'ai montré dans la dernière leçon, il n'ait point distingué entre la morale individuelle et la morale sociale, mais que, dans ses définitions du bien et du mal moral, il n'ait en vue que le caractère social de la morale, il n'en pose pas moins, quand il passe des principes à l'application ou qu'il entre dans l'analyse de nos diverses vertus, le courage et l'humanité comme les deux vertus qui doivent soutenir et régler la conduite de l'homme, la première par rapport à lui-même, et la seconde par rapport à ses semblables. Mais ces deux vertus sont toujours pour lui, suivant la théorie générale que je vous ai exposée, plutôt les qualités heureuses d'une nature forte et généreuse que les actes libres d'une volonté éclairée par la raison. Tel est précisément le sens des maximes suivantes : « Il n'appartient qu'au courage de régler la vie (431), » — et « Le courage a plus de ressources contre les disgrâces que la raison. » C'est que lui-même sentait plutôt le courage dans son cœur qu'il n'en trouvait le motif dans sa raison. C'est encore son propre courage qu'il traduisait en maxime quand il écrivait : « Il y a peu de situations désespérées pour un esprit ferme, qui combat à force inégale, mais avec courage, la nécessité (M. 456). »

Il reconnaît pourtant qu'il y a des cas où le mal est plus fort que le courage le plus ferme, et c'est ce qu'il développe dans la maxime suivante (141), destinée à expliquer cette autre maxime qui la précède (140), « qu'on ne peut juger de la vie par une plus fausse règle que la mort. »

« Il est injuste d'exiger d'une âme atterrée et vaincue par les secousses d'un mal redoutable, qu'elle conserve la même vigueur qu'elle a fait paraître en d'autres temps. Est-on surpris qu'un malade ne puisse plus ni marcher, ni veiller, ni se soutenir? Ne serait-il pas plus étrange qu'il fût encore le même homme qu'en pleine santé? Si nous avons la migraine, si nous avons mal dormi, on nous excuse d'être incapables ce jour d'application, et personne ne nous soupçonne d'avoir toujours été inappliqués : refuserons-nous à un homme qui se meurt le privilége que nous accordons à celui qui a mal à la tête? Et oserons-nous assurer qu'il n'a jamais eu ce courage pendant sa santé, parce qu'il en aura manqué à l'agonie. »

Cette maxime nous servira de transition pour passer du *courage* à l'*humanité*, qui contient le principe de cette indulgence ou, pour mieux dire, de cette justice que Vauvenargues vient de réclamer à l'égard des faiblesses de nos semblables.

L'*humanité est*, pour lui (c'est une de ses maximes, 441), *la première des vertus*.

Je viens de dire qu'elle était pour Vauvenargues le principe même de la justice; c'est ce qu'il exprime par cette maxime (28) : « On ne peut être juste, si on n'est humain, » et ce qu'il explique par celle-ci (395) : « En considérant l'extrême faiblesse des hommes, les incompatibilités de leur fortune avec leur humeur, leurs malheurs toujours plus grands que leurs vices, et leurs vertus toujours moindres que leurs devoirs, je conclus qu'il n'y a de juste que la loi de l'humanité et que le tempérament de l'indulgence. »

C'est à ce tempérament de l'indulgence qu'il rappelle les hommes dans la maxime suivante (163) : « Quiconque est plus sévère que les lois est un tyran, » maxime juste dans beaucoup de cas, mais qui cesse de l'être si on la prend dans son sens absolu; car il y a des vices qui échappent aux lois, mais qui n'en méritent pas moins notre mépris et notre indignation. Il est vrai que Vauvenargues ne peut guère admettre ces sentiments puisqu'il n'admet pas le libre arbitre, ce qu'il exprime ici même en disant : « Nul homme n'est faible par choix ; » mais alors ce n'est plus seulement l'indulgence qu'il faut réclamer pour les vices des hommes, c'est leur justification universelle qu'il faut prêcher.

Nous n'en devons pas moins savoir gré à Vauvenargues d'avoir préconisé l'indulgence. Il a tort de chercher dans le système de la nécessité un appui pour cette vertu : il suffisait d'invoquer le sentiment de la fragilité de notre nature ; mais s'il se trompe sur ce point, il n'en a pas moins raison de gourmander notre excessive sévérité à l'égard de nos semblables : « Nous réservons notre indulgence pour les parfaits, » dit-il très-finement (M. 169), et encore (M. 393) : « Quelle affreuse vertu que celle qui veut haïr et être haïe, qui rend la sagesse, non pas secourable aux infirmes, mais redoutable aux faibles et aux malheureux ; une vertu qui, présumant follement de soi-même, ignore que tous les devoirs des hommes sont fondés sur leur faiblesse réciproque ! »

Citons encore ces lignes d'un très-beau morceau sur la tolérance (*Réflexions sur divers sujets*, 38, éd. Gilbert) :

« Qui peut s'arroger le droit de soumettre les hommes à son tribunal ? Qui peut être assez impudent pour croire qu'il n'a pas besoin de l'indulgence qu'il refuse aux autres ? J'ose dire qu'on souffre moins des vices et des méchants que de l'austérité farouche et orgueilleuse des réformateurs, et j'ai remarqué qu'il n'y avait guère de sévérité qui n'eût sa source dans l'ignorance de la nature, dans un amour propre excessif, enfin dans la petitesse du cœur. »

Mais ce n'est pas seulement l'indulgence à l'égard des faiblesses des hommes, c'est aussi la compassion pour leurs misères et la générosité à les secourir que célèbre Vauvenargues : « La générosité, dit-il admirablement dans une de ses maximes (173), souffre des maux d'autrui, comme si elle en était responsable. » L'idée exprimée ici sous cette forme concise, Vauvenargues l'avait développée dans un morceau qu'il ne jugea point à propos de publier, mais qui comme le précédent morceau sur la tolérance, a été très-heureusement mis au jour par son dernier éditeur (p. 97), et que je veux vous faire connaître parce que nulle part la belle âme de l'auteur ne s'est mieux révélée :

« Les âmes les plus généreuses et les plus tendres se laissent quelquefois porter par la contrainte des événements jusqu'à la dureté et à l'injustice; mais il faut peu de chose pour les ramener à leur caractère et les faire rentrer dans leurs vertus. La vue d'un animal malade, le gémissement d'un cerf poursuivi dans les bois par des chasseurs, l'aspect d'un arbre penché vers la terre et traînant ses rameaux dans la poussière, les ruines méprisées d'un vieux bâtiment, la pâleur d'une fleur qui tombe et qui se flétrit, enfin toutes les images du malheur des hommes réveillent la pitié d'une âme tendre, contristent le cœur et plongent l'esprit dans une rêverie attendrissante. L'homme du monde même le plus ambitieux, s'il est né humain et compatissant, ne voit pas sans douleur le mal que les dieux lui épargnent; fût-il même peu content de sa fortune, il ne croit pas pourtant la mériter encore, quand il voit des misères plus touchantes que la sienne; comme si c'était sa faute qu'il y eût des hommes moins heureux que lui, sa générosité l'accuse en secret de toutes les calamités du genre humain, et le sentiment de ses propres maux ne fait qu'aggraver la pitié dont les maux d'autrui le pénètrent. »

Mais cette pitié ne doit pas rester un sentimen stérile, ni se borner à donner des conseils : « Nous voulons faiblement, dit une maxime (490), le bien de ceux que nous n'assistons que de nos conseils ; » et la maxime suivante (491) ajoute : « La générosité donne moins de conseils que de secours. »

Autant Vauvenargues glorifie la générosité, autant il flétrit la dureté de cœur à l'égard des malheureux, cette dureté qui fait que *nous les plaignons peu des plus grands malheurs*, tandis que *nous les blâmons beaucoup des moindres fautes* (M. 168), ou que même *nous les querellons pour nous dispenser de les plaindre*. Il signale parmi les causes de cette dureté de cœur l'avarice : « L'avare prononce en secret : suis-je chargé de la fortune des misérables ? et il repousse la pitié qui l'importune. »

Toutes ces maximes, et bien d'autres, qu'il serait trop long de citer, sont tout-à-fait dignes de celui qui a si bien parlé du cœur et qui en a dit, entre autres choses : « On doit se consoler de n'avoir pas les grands talents, comme on se console de n'avoir pas les grandes places ; on peut être au-dessus de l'un et de l'autre par le cœur. »

Arrivons maintenant à celles des maximes de Vauvenargues qui ont plus particulièrement trait à la philosophie politique.

Vauvenargues appartient déjà trop au XVIIIe siècle, bien qu'il se distingue à beaucoup d'égards, et sur ce point même, des philosophes de son temps, pour avoir pu fermer son esprit à cette sorte d'idées. Il était d'ailleurs trop bon moraliste pour négliger des questions qui se rattachent elles-mêmes à la philosophie morale, et trop amoureux de l'action pour ne pas aimer, non-seulement la philosophie politique, mais la politique pratique elle-même. Il regardait, au contraire, la politique (c'est une de ses maximes, 405) comme *la plus grande de toutes les sciences*. Il pensait (c'est encore une de ses maximes, 406) que « les vrais politiques connaissent mieux les hommes que ceux qui font métier de la philosophie, » et qu'ils sont ainsi *plus vrais philosophes*, tandis que (autre maxime encore, 540) « la science des mœurs ne donne pas celle des hommes. »

Aussi avons-nous vu que, forcé par sa santé et peut-être aussi par d'autres causes (particulièrement le dégoût que lui inspirait l'état de l'armée) [1], de quitter la carrière des armes, il avait songé à entrer dans celle de la diplomatie et des affaires, et qu'il avait commencé des démarches à cet effet. Il espérait trouver à satisfaire dans cette carrière nouvelle ce besoin d'action, de grandes actions, qu'il sentait en lui, et y apprendre, suivant les maximes que je viens de citer, à connaître les hommes mieux qu'on ne peut le faire dans la vie privée ou dans les livres. Il pensait aussi, — ce qui prouve que lui-même ne connaissait pas encore suffisamment les hommes, — qu'il pourrait conserver dans cet état, sous un régime tel que la monarchie de cette époque, l'indépendance et la fierté de son caractère ; c'était là une illusion qu'il n'eût pas tardé à perdre. L'idéal qu'il se faisait de la diplomatie (V. le morceau intitulé : *De la diplomatie*) se serait bientôt évanoui, comme celui qu'il s'était fait de la carrière des armes.

Il n'eut besoin d'ailleurs que d'observer ce qui se passait autour de lui pour voir combien la politique et la diplomatie étaient éloignées dans la réalité de la grande idée qu'il s'en faisait, et combien elles étaient encore barbares et impuissantes pour le bien. « Faut-

---

1. V. Le *morceau sur les armées d'à-présent*, publié par M. Gilbert, p. 104.

il s'applaudir de la politique, s'écrie-t-il (M. 410), si son plus grand effort est de faire quelques heureux au prix du repos de tant d'hommes ? Et quelle est la sagesse si vantée de ces lois qui laissent tant de maux inévitables et procurent si peu de biens ? » — « Il n'y a pas d'esprits, dit-il encore (M. 301), qui soient capables d'embrasser à la fois toutes les faces de chaque sujet, et c'est là, à ce qu'il me semble, la source la plus ordinaire des erreurs des hommes. Pendant que la plus grande partie d'une nation languit dans la pauvreté, l'opprobre et le travail, l'autre, qui abonde en honneurs, en commodités, en plaisirs, ne se lasse pas d'admirer le pouvoir de la politique, qui fait fleurir les arts et le commerce, et rend les États redoutables. »

La politique internationale ne paraît pas à Vauvenargues moins barbare que la politique intérieure : « Nul traité, dit-il (M. 573), qui ne soit comme un monument de la mauvaise foi des souverains ; » et il ajoute dans la maxime suivante (574) : « On dissimule quelquefois dans un traité, de part et d'autre, beaucoup d'équivoques qui prouvent que chacun des contractants s'est proposé formellement de le violer, dès qu'il en aurait le pouvoir. » — Et encore (412) : « Il n'y a point de violence ou d'usurpation qui ne s'autorise de quelque loi ; quand il ne se ferait aucun traité entre les princes, je doute qu'il se fît plus d'injustices. »

Ces maximes respirent bien l'esprit critique et novateur qui commençait alors à se manifester dans le champ des idées politiques, comme dans tous les autres ; mais, il faut le dire pour rester dans le vrai, malgré ces maximes, Vauvenargues était loin d'être possédé de cet esprit qui, après avoir renouvelé le monde des idées, devait se traduire en fait dans la Révolution française. A côté des maximes que je viens de citer, on en trouve d'autres qui semblent être, au contraire, une protestation contre les hardiesses de cet esprit de réforme. Voyez, par exemple, ces maximes qui dénotent sans doute une certaine sagesse qu'il serait bon de suivre quelquefois si on pouvait la concilier avec l'esprit de progrès, mais qui ont aussi le tort de favoriser beaucoup trop l'esprit de routine, déjà si funeste : « Avant d'attaquer un abus, il faut voir si on peut ruiner ses fondements (M. 25) ; » — « Les abus inévitables sont les lois de la nature (26). » Cette dernière remarque est juste, et l'on peut accorder à M. Sainte-Beuve (*Causeries du Lundi*, t. III), que les philosophes du XVIII° siècle y songèrent trop peu : ils rêvèrent pour l'humanité une perfection qui n'est pas de ce monde ; mais aussi combien d'abus n'est-on pas tenté de regarder comme inévitables, et combien, sans le travail de ces philosophes, auraient continué de passer pour tels !

Citons encore quelques maximes empreintes du même esprit de sagesse, mais aussi de prudence excessive :

« C'est la preuve qu'une innovation n'est pas nécessaire lorsqu'elle est trop difficile à établir (437). »

Maxime très-contestable : une innovation peut être impérieusement réclamée par la justice et à ce titre nécessaire, mais en même temps difficile à établir, par exemple l'abolition de l'esclavage, qui a coûté si cher aux États-Unis, et qui n'est pas encore achevée sur toute la surface du monde.

« Les changements nécessaires aux États se font presque toujours d'eux-mêmes. »

Maxime non moins contestable : les changements nécessaires se font si peu d'eux-mêmes que souvent les révolutions deviennent nécessaires pour les opérer.

« Jusqu'à ce qu'on rencontre le secret de rendre les esprits justes, tous les pas que l'on pourra faire dans la vérité n'empêcheront pas les hommes de raisonner faux ; et plus on voudra les pousser au-delà des notions communes, plus on les mettra en péril de se tromper. »

Ne serait-ce pas ici le cas de rappeler à Vauvenargues ce qu'il a dit, dans ses *Réflexions sur divers sujets* (18), de la *nécessité de faire des fautes :* « Il ne faut pas être timide de peur de faire des fautes ; la plus grande faute de toutes est de se priver de l'expérience... Qui voudra se former au grand doit risquer de faire des fautes ; » — et cette autre maxime (162), dont Sainte-Beuve a dit qu'*il y a des commencements de révolution dans ce mot-là :* « Il faut permettre aux hommes de faire de grandes fautes contre eux-mêmes, pour éviter un plus grand mal, la servitude. »

Mais chez Vauvenargues l'esprit de conservation dans l'ordre politique l'emporte sur l'esprit de réforme et de révolution. C'est ainsi que notre gentilhomme se prononce contre le principe de l'*égalité*, dont le citoyen de Genève va bientôt se faire l'apôtre, et qu'il se déclare, ce qui n'a rien d'étonnant de sa part, le partisan de l'institution de la noblesse : « Il est faux, dit-il (M. 227), que l'égalité soit une loi de la nature ; sa loi souveraine est la subordination et la dépendance ; » — et encore (M. 551) : « Je désirerais de tout mon cœur que toutes les conditions fussent égales ; j'aimerais beaucoup mieux de n'avoir point d'inférieurs que de reconnaître un seul homme au-dessus de moi. Rien n'est si spécieux, dans la spéculation, que l'égalité ; mais rien n'est plus impraticable et plus chimérique. »

Vauvenargues, comme tant d'autres, confond ces deux choses très-distinctes : l'égalité des fortunes et des conditions sociales, ou ce que l'on a nommé *l'égalité sociale*, qui est sans doute « impraticable et chimérique, » et *l'égalité civile et politique*, qui est aussi praticable que juste et qui commence à être pratiquée.

Rien n'est plus faible d'ailleurs que l'argument par lequel il prétend prouver la légitimité de la noblesse héréditaire (M. 364) : « Les enfants n'ont pas d'autre droit à la succession de leur père que celui qu'ils tiennent des lois ; c'est au même titre que la noblesse se perpétue dans les familles : la distinction des ordres du royaume est une des lois fondamentales de l'État. » Vauvenargues oublie que ce n'est pas la loi qui fait le droit : elle n'est faite que pour le garantir et elle ne saurait rendre l'usurpation légitime. Lui-même a dit (M. 412) : « Il n'y a point de violence ou d'usurpation qui ne s'autorise de quelque loi ; » si donc les priviléges de la noblesse sont des usurpations, il n'y a point de loi qui puisse les rendre légitimes.

Hâtons-nous d'ajouter que si Vauvenargues se montre le partisan de la noblesse, il veut qu'elle se rende digne des prérogatives de son rang par ses vertus ; il reproche à celle de son temps, en maints passages qu'il serait trop long de citer, sa *légèreté*, son *arrogance*, son *esprit de courtisanerie*, son *défaut d'humanité*, son *dédain pour le peuple*, tous ces vices trop réels qui l'ont perdue et qui expliquent bien des choses dans la Révolution française.

Il avait, quant à lui, toutes les qualités dont il reprochait aux nobles, ses contemporains, d'être dépourvus. Il faut voir, dans ses *Conseils à un jeune homme*, ceux qu'il donnait à son ami sur la conduite à tenir envers les inférieurs et les domestiques :

> « Si vous avez quelque passion qui élève vos sentiments, qui vous rende plus généreux, plus compatissant, plus humain, qu'elle vous soit chère. Par une raison fort semblable, lorsque vous aurez attaché à votre service des hommes qui sauront vous plaire, passez leur beaucoup de défauts; vous serez peut-être plus mal servi, mais vous serez meilleur maître : il faut laisser aux hommes de basse extraction la crainte de faire vivre d'autres hommes qui ne gagnent pas assez laborieusement leur faible salaire. Heureux qui leur peut adoucir les peines de leur condition! »

Puisqu'il s'agit ici des domestiques, je ne dois pas négliger le propos que Vauvenargues racontait d'un de ses laquais et la réflexion qu'il lui suggérait. « J'avais, dit-il (M. 659), un laquais, qui était fort jeune ; j'étais en voyage ; il me dit que je venais de souper avec un homme de beaucoup d'esprit. Je lui demandai à quoi il connaissait qu'un homme avait de l'esprit : c'est quand il dit toujours la vérité. — Voulez-vous dire que c'est quand il ne trompe personne? — Non, monsieur, mais quand il ne se trompe pas lui-même. » — « Je pensai aussitôt, ajoute Vauvenargues, que ce jeune homme pouvait bien avoir lui-même plus d'esprit que Voiture et que Benserade; il est bien sûr qu'un bel esprit n'aurait pas rencontré aussi juste. » Le dernier éditeur de Vauvenargues remarque avec raison que ce mot est à noter : « Il peint, dit-il, le respect de Vauvenargues pour l'intelligence; ici le laquais a disparu, l'égalité est rétablie. Ajoutons que Vauvenargues méritait plus que personne d'avoir à son service un homme d'autant de sens. N'est-ce pas aussi le cas de rappeler que, vers le même temps, il y avait quelque part un laquais qui s'appelait Jean-Jacques Rousseau ? » A toutes ces justes réflexions je me permettrai d'en ajouter une : c'est que l'observation faite par Vauvenargues sur ce domestique aurait dû l'éclairer sur cette égalité civile et politique qu'il repousse comme une chimère. Mais j'expose ici ses idées plutôt que je ne les discute.

Il n'a pas une moins haute idée des qualités qui siéent aux monarques et qui font les grands rois que de celles qui conviennent à la noblesse (V. les Maximes 368 à 377). Il est curieux de voir comment il juge Louis XIV : « Louis XIV avait trop de dignité; je l'aurais aimé plus populaire. Il écrivait à M. de... Je me réjouis comme votre ami du présent que je vous fais comme votre maître. C'était un grand roi; je l'admire, mais je n'ai jamais regretté de n'être pas né sous son règne. » J'aime mieux le jugement de l'abbé de Saint-Pierre sur Louis XIV[1] que celui de Vauvenargues, mais il faut reconnaître que la réflexion jointe ici par ce dernier à l'expression de son admiration tempère singulièrement l'éloge. Malheureusement Louis XV, sous lequel vivait Vauvenargues, ne valait certes pas mieux que Louis XIV, et notre moraliste a eu le tort d'en faire un éloge en règle. Il est vrai qu'à cette époque (1744) ce monarque paraissait vouloir mériter l'estime et l'affection de ses sujets, qui allaient bientôt l'appeler le *Bien-Aimé*. Les hontes de son règne n'éclatèrent que plus tard, alors que Vauvenargues reposait dans la tombe.

1. V. *Histoire des idées morales et politiques en France au* XVIIIe *siècle*, t. II, p. 62.

Il était tout naturel qu'un jeune gentilhomme, sujet d'une monarchie séculaire, ne songeât point pour son pays à une autre forme de gouvernement; mais comment comprenait-il cette forme elle-même? Une de ses maximes (228) dit : « Qu'on tempère comme on voudra la souveraineté dans un État, nulle loi n'est capable d'empêcher un tyran d'abuser de l'autorité de son emploi. » Faut-il conclure de cette maxime que Vauvenargues n'appréciait pas le mérite de la monarchie tempérée, de ce système dont Montesquieu va bientôt si admirablement décrire le mécanisme ? Mais d'un autre côté, il s'élève contre la servitude avec une force qui n'annonce guère un ami de la monarchie absolue. J'ai déjà eu occasion de citer une très-belle maxime sur ce point. En voici une autre (22), dont la plus triste expérience nous a malheureusement permis de reconnaître la profonde vérité : « La servitude abaisse les hommes jusqu'à s'en faire aimer. »

Vauvenargues n'a point, il est vrai, approfondi toutes ces grandes questions : le temps et l'occasion lui ont manqué. Mais il ne nous en offre pas moins sur ce sujet, comme sur tant d'autres, des maximes utiles à méditer. Il insiste beaucoup, quoique d'une manière un peu vague, sur la nécessité de ce qu'il appelle la *dépendance*, c'est-à-dire de la soumission aux lois ; et en même temps il fixe très-bien les limites des lois positives ou de la justice civile : « Ce qui n'offense pas la société, dit-il (M. 164), n'est pas du ressort de sa justice ; » à quoi il ajoute non moins justement (M. 165) : « C'est entreprendre sur la clémence de Dieu de punir sans nécessité ; » et il va même jusqu'à déclarer (M. 167) que « la clémence vaut mieux que la justice, » maxime dont il faut rapprocher celle-ci (394) : « Vantez la clémence à un homme sévère : Vous serez égorgé dans votre lit, répondra-t-il, si la justice n'est pas inexorable. O timidité sanguinaire ! »

Nous retrouvons ici cet esprit d'humanité, de tolérance et d'indulgence que nous avons déjà rencontré dans Vauvenargues. Malheureusement ce défenseur du principe de l'humanité n'oublie pas assez qu'il a suivi la carrière des armes, quoiqu'il en ait rapporté bien des dégoûts, témoin ce morceau *sur les armées d'à-présnet* (éd. Gilbert, p. 104) qui contient de si tristes révélations, et cette maxime (693) : « Les soldats marchent à l'ennemi, comme les capucins vont à matines. Ce n'est ni l'intérêt de la guerre, ni l'amour de la gloire ou de la patrie, qui animent aujourd'hui nos armées ; c'est le tambour qui les mène et les ramène, comme la cloche fait lever et coucher les moines. On se fait encore religieux par dévotion, et soldat par libertinage ; mais, dans la suite, on ne pratique guère ses devoirs que par nécessité ou par habitude. » Je n'aime pas qu'un philosophe écrive cette maxime (497) : « Il n'y a pas de gloire achevée sans celle des armes ; » ni celle-ci (222), quoiqu'elle constate un fait trop vrai : « Où il y a de la grandeur, nous la sentons malgré nous : la gloire des conquérants a toujours été combattue ; les peuples en ont toujours souffert, et ils l'ont toujours respectée ; » ni celle-ci (443), à moins de restriction : « La paix, qui borne les talents et amollit les peuples, n'est un bien ni en morale, ni en politique ; » mais celle-ci (223) a sa beauté : « Le contemplateur, mollement couché dans une chambre tapissée, invective contre le soldat qui passe les nuits d'hiver au bord d'un fleuve, et veille en silence sous les armes pour la sûreté de la patrie ; » et celle-ci encore (224) : « Ce n'est pas à porter la faim et la misère chez les étrangers qu'un héros attache la gloire, mais à les souffrir pour l'État ; ce n'est pas à donner la mort, mais à la braver. » Je voudrais seulement que Vauvenargues n'oubliât point que le soldat, quand il se distingue du citoyen, n'est plus que l'instrument de la tyrannie, et que, comme Diderot l'a si bien dit [1], le seul moyen d'être libres, c'est que l'habit militaire ne soit plus que l'uniforme du citoyen.

Vous connaissez maintenant Vauvenargues tout entier : l'homme, le penseur, l'écrivain ; tout cela ne fait qu'un. Vous avez pu apprécier avec moi la beauté de son âme, l'originalité et l'élévation de ses idées, la pureté classique et le charme pénétrant de son style. Vous avez vu en quoi il se distingue des écrivains de son siècle, mais en quoi aussi il s'en rapproche. Penseur solitaire, mort trop tôt pour avoir pu se mêler au mouvement philosophique de son temps, gentilhomme écrivain plutôt qu'homme de lettres, il a passé, malgré son génie et le haut patronage de Voltaire, à peu près inaperçu au XVIIIe siècle et n'a eu aucune influence sur ce siècle militant ; mais, comme nous l'avons vu, il n'en reflète pas moins le nouvel esprit qui commençait alors à se montrer, et il est juste de saluer en lui un des premiers et des plus nobles représentants de cet esprit nouveau. On l'a justement placé au premier rang parmi les moralistes français des trois derniers siècles et même parmi ceux de tous les temps : il mérite en effet cette place à la fois par la délicatesse et la profondeur de ses observations sur la nature humaine et par la perfection de la forme qu'il a su leur donner ; mais, s'il

---

1. V. *Histoire des idées morales et politiques en France au* XVIIIe *siècle*, t. II, p. 376.

a entre tous une grandeur particulière, c'est qu'il est venu dans un temps où l'humanité, commençant enfin à prendre conscience d'elle-même, cherchait à se relever des outrages et des malédictions qui avaient jusque-là pesé sur elle, et qu'elle a trouvé en lui un digne défenseur.

QUATRIÈME LEÇON

DUCLOS

L'HOMME : SA VIE

En passant aujourd'hui de Vauvenargues à Duclos, nous allons descendre de quelques degrés ; mais, si Duclos est inférieur à Vauvenargues, il n'en occupe pas moins un rang très-distingué, comme moraliste, et aussi comme historien, parmi les écrivains français du XVIIIe siècle ; et comme il a été fort mêlé à la société et au mouvement philosophique de son époque, sa vie et ses pensées nous offrent à ce titre un genre d'intérêt que ne pouvait avoir le penseur solitaire dont je vous ai entretenus en premier lieu.

Étudions d'abord en Duclos *l'homme*, en le replaçant dans le milieu où il a vécu ; nous étudierons ensuite et nous comprendrons mieux alors le *moraliste*.

Duclos a laissé des mémoires sur sa vie qui sont fort intéressants, mais qui malheureusement ne vont pas au-delà de sa jeunesse. C'est de ces mémoires que je tirerai le récit de la première partie de sa vie, en lui empruntant librement son langage ou parfois en le laissant parler lui-même.

Il naquit le 12 février 1704 à Dinan, petite ville de Bretagne voisine de celle de Saint-Malo, avec laquelle elle communique par le moyen de la marée et partage le commerce maritime. Sa famille, comme celle de Diderot, appartenait à cette bourgeoisie commerçante et honnête qui commençait à sentir sa force et ne devait pas laisser finir le siècle sans revendiquer ses droits. Il perdit son père à l'âge de deux ans et demi, mais il avait une mère capable de réparer ce malheur.

C'était, — comme l'ont été en général les mères de tous les hommes éminents, — une femme supérieure : « Elle réunissait, nous dit son fils, des qualités qui vont rarement ensemble : avec un caractère singulièrement vif, une imagination brillante et gaie, elle avait un jugement prompt, juste et ferme ; et, ce qui est peut-être sans exemple, elle eut, à cent ans passés, la tête qu'elle avait à quarante. » Restée veuve à l'âge de quarante et un ans, elle repoussa, dans l'intérêt de ses enfants, les prétendants que lui attiraient sa beauté et sa fortune, même « un vieux marquis de Boisgelin qui ne doutait point que son titre ne tournât la tête d'une bourgeoise ; » et comme, du vivant de son mari, c'était elle qui déjà dirigeait les opérations du commerce, elle n'eut rien à changer dans son plan de conduite. Mais ses affaires ne lui permettant pas de veiller elle-même sur l'éducation de son plus jeune enfant, notre Duclos, lequel déjà montrait « une vivacité extrême et une mémoire singulière, » elle prit le parti de l'envoyer à Rennes chez sa fille, mariée à un secrétaire du roi, nommé Pellenc.

Celle-ci, pensant que son jeune frère pourrait bien être destiné à autre chose que le commerce, eut l'idée de lui faire apprendre le latin. « Vers huit à neuf ans, raconte Duclos, on me donna un rudiment, une manière de précepteur qui, en montrant le latin, achevait d'en apprendre lui-même autant qu'il en fallait pour être prêtre. Il y avait alors à Rennes une quantité de paysans qui, préférant avec plus de raison pour eux que d'avantage pour l'Etat le métier de prêtre à celui de laboureur, venaient tous les jours d'une demi-lieue et plus au collége, avec un morceau de pain dans leur poche pour leur dîner, et retournaient le soir chez eux l'hiver comme l'été, et quelque temps qu'il fît. Quand ils avaient fini leurs humanités, les plus instruits d'entre eux, pour s'exempter de retourner journellement chez leurs pères et les décharger d'un inutile à leurs travaux, cherchaient à se placer dans quelque maison où l'on voulût leur donner un enfant à préparer aux études. Avec un habit noir on en faisait une ébauche d'abbé qui, en conduisant son marmot, faisait sa philosophie ou sa théologie. Ce fut un de ces docteurs qu'on chargea d'en faire un autre de moi si cela se pouvait. »

La mère de Duclos, voyant la route qu'on faisait prendre à son fils, pensa qu'il la suivrait encore mieux à Paris qu'en province sous un tel docteur, et l'y envoya dès l'âge de neuf ans. Elle montrait en cela une audace que Duclos compare à celle qu'Horace vantait chez son père : *ausus Romam portare docendum;* car « la noblesse du canton trouvait presque insolent qu'une simple commerçante osât donner à son fils une forme d'éducation qui ne convenait qu'à des gentilshommes. » Scandaleux exemple en effet : c'était le premier bourgeois de Dinan qu'on envoyât faire ses études à Paris. Duclos a plaisamment raconté comment, débarqué à Paris où il avait été envoyé par le coche et à la garde du cocher comme un paquet à remettre à son adresse, il resta, par la négligence d'un ami de sa famille (gentilhomme du prince de Conti) chargé de venir le recevoir, dans le bureau, rue *La Harpe*, *à la Rose rouge*, avec les

5

autres paquets, et comment, la nuit venue, il fut remis par le cocher à une marchande qui le garda jusqu'au lendemain soir où l'ami attendu vint enfin le prendre pour le conduire immédiatement à la pension qui lui avait été choisie. Cette pension était un établissement de la rue de Charonne fondé, sous Louis XIV, par le marquis de Dangeau, grand-maître de l'ordre de Saint-Lazare, pour faire élever en commun à ses frais une vingtaine de jeunes gentilshommes choisis par lui comme devant faire partie de cet ordre, et où l'on admettait, pour exciter l'émulation, d'autres enfants dont les parents payaient l'éducation. C'est ainsi que le jeune Duclos y entra.

Jeté dans ce monde de petits comtes et de petits marquis, notre petit bourgeois sentit le besoin de se distinguer par une supériorité personnelle ; et, en parvenant à éclipser ses compagnons d'études par son travail et ses succès, il en obtint aussi une considération marquée. Cette particularité de son enfance est à noter ; car tel nous voyons déjà Duclos au collége, dans *cette république d'enfants*, comme il l'appelle, tel nous le retrouverons plus tard dans la société au milieu des grands seigneurs de son temps.

Après avoir passé cinq années dans la maison de la rue de Charonne, il entra, pour compléter ses études scolaires, au collége d'Harcourt, où Diderot devait bientôt achever les siennes, et il y obtint tous les prix. « Ces petits honneurs, écrit-il dans ses Mémoires, sont peut-être les plus vifs qu'on ait dans la vie. » Mais, tout en se rappelant avec satisfaction cette époque de sa vie, il regrette, comme le fait aussi d'Alembert [1], le temps passé à des études mal

1. *Histoire des idées morales et politiques en France au* XVIIIe *siècle*, t. II, p. 393.

enseignées, comme celle du latin et du grec, ou tout-à-fait oiseuses, comme celle de la philosophie scolastique. « Le proviseur d'Harcourt, dit-il, était le fameux Dagoumer, le plus terrible argumentateur de l'Université et qui donnait le ton aux écoles. C'est lui que Lesage a peint sous le nom du licencié Guyomar. »

Mais le jeune Duclos ne se bornait pas aux études qui lui étaient prescrites ; il employait le temps qu'elles lui laissaient à dévorer les livres qu'il pouvait se procurer : « poëtes, historiens, moralistes et philosophes *non-scolastiques* ; » ces lectures nourrissaient son esprit et formaient son goût beaucoup mieux que les subtilités de la dialectique et le jargon de l'école.

A la fin de ses classes, sa mère le fit revenir en Bretagne pour sonder sa vocation. La fortune de Mme Duclos avait été fort entamée par la chute du système de Law, qui entraîna dans sa ruine un si grand nombre de familles, particulièrement dans la classe moyenne ; malgré les pertes qu'elle en avait éprouvées, elle s'était décidée à laisser son fils poursuivre à Paris des études où il réussissait si bien ; elle se résolut à l'y renvoyer pour étudier le droit, dans l'espoir qu'il embrasserait la profession d'avocat pour laquelle on lui croyait du talent.

Mais Duclos avait déjà commencé, dès sa dernière année de collége, une vie de libertinage qu'il se hâta de reprendre à Paris. Il négligea l'école de droit, dont l'enseignement d'ailleurs le rebutait, pour se livrer aux plaisirs en de fort mauvaises compagnies. « Voyons un peu, dit-il, pendant les années destinées au droit, quels étaient mes docteurs : de jeunes libertins aux écoles, et dans les salles d'armes quelque chose de pis, » c'est-à-dire des jeunes gens « dont il serait difficile de dire l'état ou la destination. » Il ne se rappelait pas sans frémir les suites que de telles relations auraient pu avoir pour lui. « Presque tous ceux, dit-il à ce propos, qui se sont perdus par leur faute, en accusent la fortune ; pour moi, si la fortune était quelque chose, je n'aurais qu'à la remercier. Il semble que la Providence m'ait conduit par la main, non pas aux postes où je ne prétendais ni ne devais prétendre, mais à travers les précipices de mon état et quelquefois des bourbiers ; me soulevant pour m'empêcher d'enfoncer le pied trop avant ; me tenant parfois suspendu sur le précipice, et ne m'y laissant jamais tomber. »

Parmi les détestables connaissances que fit alors Duclos et qui l'auraient entraîné dans l'abîme, si le sentiment de l'honneur n'avait résisté en lui, se trouvait un certain mauvais sujet, nommé Saint-Maurice, qui, après avoir fait bien des métiers, avait alors un emploi à la Compagnie des Indes. C'était un fourbe d'une espèce telle qu'on ne la croirait plus capable de faire des dupes dans une époque éclairée comme le xviiie siècle ; mais, pour cette raison même, je tiens à vous le faire connaître. Il avait réussi à persuader à beaucoup de personnes considérables par leur état et leur fortune qu'il était en commerce avec les génies et qu'il pourrait leur en procurer les faveurs ; et il leur extorquait ainsi beaucoup d'argent. Il proposa à Duclos de le rendre témoin d'une de ces réunions où il rassemblait ses adeptes et jouait devant eux le rôle de ministre du génie *Aluël*. Mais laissons Duclos raconter comment ce galant homme exerçait son ministère :

« Dans une salle où, les volets fermés, deux bougies ne donnaient de lumière que ce qu'il en fallait pour se reconnaître en prenant place autour de la salle, Saint-Maurice, après une espèce d'invocation en style oriental et cabalistique, faisait le tour de l'assemblée, recevant de chacun un billet cacheté, qui contenait la demande de ce qu'on désirait du génie. Il s'approchait ensuite d'une manière d'autel, sur lequel était un réchaud plein de braise allumée, où le ministre paraissait jeter tous ces billets, qui étaient consumés. Mais comme il était excellent escamoteur, dont il avait même fait le métier, il substituait aux billets recueillis ceux qu'il avait apportés tout préparés. Il annonçait alors qu'à la première assemblée il apporterait à chacun la réponse à sa demande; et l'on se séparait. Rentré chez lui, il ouvrait les billets et composait les réponses. Les initiés y trouvant toujours quelque chose de relatif à la demande qu'ils avaient faite dans un billet brûlé sans être décacheté, ne doutaient pas que leur prière n'eût monté jusqu'au trône d'Alaël. »

Tel était le spectacle auquel Duclos était convié par Saint-Maurice. A cette proposition il éclata de rire au nez du grand prêtre d'Alaël. Il ne pouvait croire à la vérité d'un tel récit; Saint-Maurice lui répondit qu'étant jeune, il ne connaissait encore ni les hommes, ni Paris; que dans cette ville où la lumière de la philosophie paraissait se répandre de toutes parts, il n'y avait point de folie qui n'y conservât son foyer, que l'astrologie judiciaire, la pierre philosophale, la médecine universelle, la cabale, etc., y avaient toujours leurs partisans secrets, sans parler des folies épidémiques, tels que l'agio dont la frénésie venait de faire de si grands ravages; et il fit briller à ses yeux tous les appâts qu'un tel spectacle pouvait offrir à un jeune homme. Mais Duclos refusa nettement d'en être le témoin, ne voulant avoir aucune part à la fourberie de ce chevalier d'industrie, et il cessa de le voir. Deux ou trois ans après, Saint-Maurice était arrêté et mis à la Bastille. Duclos ajoute que bientôt « des personnes puissantes, du nombre de ses disciples, désabusées ou non, mais craignant de voir leur nom mêlé dans une affaire d'éclat, agirent en sa faveur et lui firent rendre la liberté. »

Cependant la mère de Duclos, informée de la conduite que son fils menait à Paris, le rappela en Bretagne. Il y retourna à son grand regret : « Je n'éprouvai pas, dit-il, en apercevant les clochers de Dinan, qui se voient de loin, ce sentiment de plaisir qui m'affecte aujourd'hui quand j'y retourne. » Il voulut prendre une lieutenance dans un régiment ; sa mère s'y opposa en lui représentant, ce qui était vrai à cette époque, que le service militaire n'appartenait qu'aux gens de condition, et, — ce qui confirme précisément une des maximes de Vauvenargues que j'ai eu occasion de citer dans la dernière leçon — que pour les autres c'était un métier de libertin. Enfin Duclos obtint de sa mère de retourner à Paris pour y continuer son droit et se faire recevoir avocat. Il reprit ses inscriptions et se mit en pension chez un avocat au Conseil ; mais la procédure avait décidément peu d'attraits pour lui ; presque tout son temps fut donné à la lecture des livres de belles-lettres latines et françaises. Il n'avait point encore, d'ailleurs, le sentiment de sa vocation littéraire ; mais une circonstance fortuite vint bientôt le faire jaillir dans son âme.

On sait quelle fut au XVIIIe siècle l'importance des salons, des cercles et des cafés. C'étaient des centres où les hommes de lettres, tout en se délassant de leurs travaux, trouvaient pour leurs pensées un nouveau moyen d'action et de propagande, et comme des foyers où toutes les idées passaient, en quelque sorte, au creuset d'une discussion familière.

Arrêtons-nous ici un moment, à la suite de Duclos, sur les cafés de Paris où se rassemblaient alors les gens de lettres.

Je ne parle pas du café de *la Régence*, bien qu'il fût fréquenté par Diderot et que ce soit là qu'il ait placé la scène de son merveilleux dialogue entre lui et le *neveu de Rameau*; car ce café était plutôt celui des joueurs d'échecs que des hommes de lettres. « C'est là, écrit Diderot au début de ce dialogue, que font assaut *Légal* le profond, *Philidor* le subtil, le solide *Mayot* ; qu'on voit les coups les plus surprenants et qu'on entend les plus mauvais propos ; car si on peut être homme d'esprit et grand joueur d'échecs comme *Légal*, on peut être aussi un grand joueur d'échecs et un sot comme *Foubert* et *Mayot*. » Laissons donc ce café à ces fameux joueurs d'échecs, et bornons-nous aux cafés vraiment littéraires.

Il y en avait deux : le *café Procope*, situé en face de la Comédie (aujourd'hui rue de l'ancienne Comédie), et le café *Gradot*, sur le quai de l'Ecole. Duclos nous indique le personnel de l'un et de l'autre.

Les habitués du café Gradot étaient :

Lamotte, célèbre par sa polémique contre les anciens en faveur des modernes ; j'ajouterais qu'il avait traduit l'*Iliade* en prétendant corriger *Homère*, si Duclos ne nous avertissait lui-même qu'il faut oublier cette nouvelle Iliade. « Il était, dit celui-ci, le point de réunion de l'assemblée, et personne n'y était plus propre que lui par le ton de politesse qu'il mettait dans la discussion. » Devenu aveugle et perclus, il se faisait porter en chaise au café.

Saurin, l'auteur de cette tragédie de *Spartacus* qui a eu au XVIIIe siècle un si grand succès.

Maupertuis, le chef de l'expédition envoyée au

Pôle en 1736 pour mesurer un degré, plus tard le président de l'Académie de Berlin, ridiculisé par Voltaire sous le nom du docteur Akakia, et qui le méritait par une vanité insupportable, mais dont, affirme Duclos, tout en lui reprochant cette vanité, la conversation était délicieuse.

Melon, auteur d'un *Essai politique sur le commerce* (1734), livre qui ouvrit la voie aux études de ce genre.

Autour de ces hommes s'en groupaient beaucoup d'autres qui cultivaient ou aimaient les lettres.

Au café Procope se réunissaient :

Nicolas Boindin, homme d'esprit et de savoir, mais qui aimait à prendre le contre-pied de toutes les opinions, et qui s'était fait ainsi une réputation d'athéisme. C'est lui que Voltaire a peint dans ces vers malicieux du *Temple du Goût :*

> Un raisonneur, avec un fausset aigre,
> Criait : Messieurs, je suis ce juge intègre,
> Qui toujours parle, argue et contredit ;
> Je viens siffler tout ce qu'on applaudit.
> Lors la Critique apparut, et lui dit :
> Ami Bardou, vous êtes un grand maître,
> Mais n'entrerez en cet aimable lieu :
> Vous y venez pour fronder notre Dieu,
> Contentez-vous de ne le pas connaître.

Il paraît, d'après ce que Duclos rapporte de lui, qu'il n'avait jamais plus d'esprit que lorsqu'il avait tort.

L'*abbé Terrasson*, oratorien qui avait jeté le froc aux orties. Doué d'une grande érudition dans les langues anciennes et modernes, en même temps géomètre et physicien, il portait, nous dit Duclos, dans tout ce qu'il traitait, cet esprit philosophique ou cette supériorité de raison qui, suivant sa propre définition, consiste à rapporter chaque chose à ses principes propres et naturels, indépendamment de l'opinion qu'en ont les autres hommes.

Fréret, historien enfermé à la Bastille, comme tant d'autres écrivains de ce temps, pour la hardiesse des idées qu'il avait exprimées dans un discours prononcé à l'*Académie des Inscriptions* sur l'origine des Français. Il en sortit sachant par cœur Bayle, le seul auteur qu'on lui eût donné pour occuper ses loisirs. Il n'avait point perdu son temps en étudiant ainsi à fond ce précurseur du XVIIIe siècle.

Outre les littérateurs et quelques artistes qui se rendaient assidûment au café Procope, il y avait d'autres hommes de lettres qui y venaient de temps en temps, comme *Piron*, l'auteur de la jolie comédie de la *Métromanie*, mais aussi de beaucoup de poésies licencieuses, l'un des hommes les plus spirituels de son temps, mais qui avait le tort de se croire plus d'esprit que Voltaire; l'*abbé Desfontaines*, immortalisé par le fouet de Voltaire, dont il était l'un des ennemis les plus acharnés; enfin le *marquis de la Faye*, « homme très-aimable, dit Duclos, et qui aurait pu servir de modèle à ce qu'on appelle les gens du monde. » — Cet aimable homme fut chargé vers ce même temps par le duc de Bourbon, qui avait été premier ministre, d'une commission singulière : ce prince ayant résolu de se marier, envoya La Faye en Allemagne pour lui choisir la princesse qu'il trouverait le plus à son goût. La Faye proposa à Duclos d'être du voyage, mais celui-ci refusa de peur de mécontenter sa mère et de se voir rappeler en province.

Tels étaient les hôtes du café Procope. Ce fut là que le hasard conduisit Duclos un jour qu'il se rendait à la Comédie, où il allait plus souvent qu'à l'école de droit. On y dissertait sur la pièce qui se jouait alors ; les bonnes observations qu'il y entendit lui donnèrent envie d'y retourner. Laissons-le maintenant raconter comment à son tour il y joua son rôle.

« Je retournai chez Procope. Je trouvai, en y entrant, qu'on y traitait un point de métaphysique, et que Fréret et Boindin étaient les tenants de la dispute... Après avoir entendu quelque temps les deux acteurs, je hasardai sur la question quelques mots qui attirèrent leur attention. L'auditoire parut surpris qu'un jeune homme osât se mesurer avec de tels athlètes. Cependant ils me firent accueil l'un et l'autre, et m'invitèrent à revenir. Je n'y manquai pas, et, comme j'y trouvais toujours Boindin, je devins bientôt son antagoniste, et partageais avec lui l'attention de l'auditoire, qui m'affectionnait de préférence, parce que Boindin avait la contradiction dure, et que je l'avais gaie. Il s'agissait un jour, entre lui et moi, de savoir si l'ordre de l'univers pouvait s'accorder aussi bien avec le polythéisme qu'avec un seul Être suprême. Je soutenais l'idée de l'Être nécessaire, et Boindin prétendait pouvoir concilier tout avec la pluralité des dieux. Il n'y avait point de sophisme qu'il n'employât pour étayer son système. L'assemblée était nombreuse et attentive. Boindin, pour en capter les suffrages, se livrait au feu de son éloquence, lorsque j'éclatai de rire. Il en fut choqué, et me dit brusquement que rire n'était pas répondre. Je l'avoue, lui dis-je ; mais je n'ai pu m'en empêcher en vous voyant soutenir la pluralité des dieux. Cela prouve le proverbe : *Il n'est chère que de vilain* [1]. Comme il passait pour n'en admettre aucun, chacun rit de l'application du proverbe ; il le prit lui-même de bonne grâce, et la dispute finit. »

Duclos en fréquentant le café Procope et quelquefois aussi le café Gradot, se trouva ainsi lancé dans la société des gens de lettres. Il trouvait là des hommes tels que Lamotte, l'acteur et auteur Baron, qui avaient

---

1. C'est-à-dire, il n'y a pas au-dessus des avares pour bien traiter. Quand ils s'y mettent, comme dit un autre proverbe, tout y va.

commencé leur carrière dans le siècle précédent et lui racontaient beaucoup de choses intéressantes sur les grandes figures de cette époque, Corneille, Racine, Molière, Boileau, La Fontaine. Il se lia en même temps avec quelques jeunes gens de qualité, et se vit bientôt recherché dans des sociétés d'un rang supérieur au sien, mais où il savait très-bien tenir sa place. « Quoique ma conduite, dit-il, ne fût pas absolument sans reproche, je vivais du moins habituellement dans la bonne compagnie. »

Malheureusement ses mémoires personnels, si intéressants, non-seulement par ce qu'il raconte de lui-même, mais par ses portraits et ses réflexions, s'arrêtent ici. Je compléterai sa biographie, soit à l'aide de la notice placée en tête de ses œuvres complètes (édition de 1806), par Auger, lequel avait été exactement renseigné par un ami intime de Duclos, qu'il prend à témoin de la fidélité de son récit, soit en recourant aux écrits mêmes de Duclos, soit enfin en consultant les mémoires du temps.

Je ne mentionnerai pas les productions par lesquelles Duclos débuta dans le monde des lettres, parce que ces compositions se ressentent beaucoup trop du goût que la Régence, cette fille licencieuse de l'hypocrite règne de Louis XIV, avait mise à la mode. Mais une chose qui ne peint pas moins à sa manière les mœurs littéraires de ce temps, c'est que Duclos fut admis (1739) à l'Académie des Inscriptions et Belles-Lettres sans avoir encore rien publié : ses relations avec les hommes de lettres et les grands seigneurs, appuyées d'ailleurs de sa juste réputation d'esprit et de savoir, avaient suffi pour lui ouvrir les portes de cette Académie.

Je ne parlerai pas non plus, par la même raison

que je viens de dire, de certains romans (l'*Histoire de la baronne de Luz*, — les *Confessions du comte de ****), publiés en 1741 et 1742, bien qu'ils firent beaucoup de bruit dans leur temps et commencèrent la célébrité de Duclos. Nous n'aurions pas du tout à nous occuper de lui s'il n'avait mieux justifié plus tard cette célébrité.

Le premier ouvrage sérieux de Duclos fut l'*Histoire de Louis XI*, publiée en 1745. Mais à peine ce livre avait-il paru qu'un arrêt du Conseil (en date du 28 mars 1745) le supprimait comme « contenant plusieurs endroits contraires non-seulement aux droits de la Couronne sur différentes provinces du royaume, mais au respect avec lequel on doit parler de ce qui regarde la religion ou les règles des mœurs et la conduite des principaux ministres de l'Église. » Défense était faite de réimprimer cet ouvrage avant que les passages condamnés eussent été corrigés. Duclos ne corrigea rien, et cinq ans plus tard l'*Histoire de Louis XI*, réimprimée à Paris, reparut sans changement sous la rubrique, alors fort employée, de La Haye. La même année (1750), chose plus curieuse encore et qui prouve combien il y avait peu de suite dans la politique de ce temps, et combien en définitive les hommes de lettres, malgré les persécutions qu'ils avaient à subir, imposaient au pouvoir, surtout quand ils savaient se créer des alliances à la cour, Duclos fut nommé, en considération de cette même Histoire de Louis XI, proscrite quelques années auparavant, à la place d'historiographe de France, vacante par la retraite de Voltaire.

Il avait été nommé, dès 1746, un an après la publication de son Louis XI, membre de l'Académie française, dont il devait devenir quelques années plus tard secrétaire perpétuel (1755). Tous les honneurs lui arrivaient à la fois. Il fallait sans doute pour cela que Duclos, avec sa grande liberté d'opinion, eût une non moins grande habileté de conduite; mais il savait aussi tenir tête aux ridicules prétentions des grands et aux violentes usurpations du pouvoir royal. C'est ainsi qu'il défendit les droits de l'égalité académique contre de très-hauts personnages, comme le comte de Clermont et le maréchal de Belle-Isle, qui voulaient bien condescendre à faire partie de l'Académie, mais à la condition de se distinguer de leurs confrères par des priviléges qu'ils croyaient dus à leur rang. « Ce ne sont pas les tyrans qui font les esclaves, disait Duclos à ce sujet, mais les esclaves qui font les tyrans. » Nous verrons tout-à-l'heure quelle fut sa conduite dans une affaire beaucoup plus grave; mais suivons l'ordre des dates.

En 1751, l'année même où paraissait le *Discours préliminaire de l'Encyclopédie* par d'Alembert et le *Siècle de Louis XIV* par Voltaire, Duclos publia son ouvrage capital, celui qui lui a donné une place fort distinguée parmi les moralistes français, les *Considérations sur les mœurs de ce siècle*, ce livre dont Voltaire disait que c'était l'ouvrage d'un honnête homme et au sujet duquel Rousseau écrivait à l'auteur : « Mon cher ami, comment faites-vous pour penser, être honnête homme et ne pas vous faire pendre? » Comme c'est précisément cet ouvrage que nous aurons à étudier pour connaître les idées morales de Duclos, je ne m'y arrête pas davantage en ce moment.

Les *Considérations sur les mœurs de ce siècle* présentaient une lacune : il y était à peine question des femmes. Duclos songea, un peu tardivement peut-être, à réparer cette omission. C'était là en effet, suivant ses expressions, un article trop considérable dans la vie de la plupart des hommes, et surtout des gens du monde, pour qu'un écrivain qui veut connaître les mœurs d'une nation pût négliger un objet si important. Il entreprit donc de combler cette lacune dans un second livre qui parut peu après sous ce titre : *Mémoires sur les mœurs de ce siècle*. Malheureusement cette addition rappelle beaucoup trop les romans que j'indiquais tout-à-l'heure. Duclos y oppose sans doute à la légèreté et au libertinage des femmes à la mode la pureté de mœurs, l'attachement au devoir, la dignité de caractère d'une dame de Canaples, et il faut reconnaître que la peinture de ce personnage relève beaucoup ces *Mémoires;* mais la licence des autres peintures, qui recommandait ce livre à l'attention des contemporains du Régent et de Louis XV, doit nous le faire rejeter aujourd'hui. Laissons-le donc de côté pour n'y plus revenir.

Ce n'était là, d'ailleurs, pour Duclos qu'une sorte d'intermède ou de délassement à ses travaux sur l'histoire. Il s'occupait beaucoup aussi de philologie, comme l'attestent des *Remarques sur la grammaire générale et raisonnée de Port-Royal*, qu'il publia en 1754, et où renouvelant une idée de l'abbé de Saint-Pierre, il proposait et mettait en pratique un nouveau système d'orthographe. Plus tard, lorsqu'il fut devenu secrétaire perpétuel de l'Académie française (1755), il reprit l'histoire de cette Académie, commencée par Pellisson, poursuivie par l'abbé d'Olivet jusqu'à la fin du XVIIe siècle, et continuée après lui, sous forme d'Éloges, par d'Alembert. Puisqu'il s'agit ici de l'histoire de l'Académie française, c'est le lieu de rappeler ce que j'ai déjà eu occasion de dire à propos de

Vauvenargues, que ce fut Duclos qui fit substituer dans les concours d'éloquence l'éloge des grands hommes aux insipides lieux communs proposés jusque-là, comme la paraphrase de l'*Ave Maria*, ou du *Magnificat*, ou de tel ou tel verset de la Bible. Ce petit événement n'est-il pas un signe du progrès qui s'opérait alors dans les esprits, même à l'Académie, et dont Duclos, malgré toute sa modération et sa prudence, était un des promoteurs?

Il appliquait cet esprit de progrès à des objets beaucoup plus importants, au soulagement du peuple. Il composa des mémoires sur ces grandes questions d'économie politique et d'intérêt social qui commençaient alors à occuper les esprits, par exemple sur le système barbare des corvées, au sujet duquel il écrivait dans un *Essai :* « Je suis pénétré de douleur à la vue continuelle de l'esclavage auquel on réduit ces malheureux par l'ignorance, le caprice, la hauteur, la basse ambition de se faire des amis ou des protecteurs au prix du sang des pauvres. » C'est là, avec moins d'éloquence, le cri de Jean-Jacques Rousseau; c'est celui de tous les réformateurs du siècle.

Bien que vivant d'ordinaire à Paris, Duclos ne restait pas étranger aux intérêts de sa province. En 1744, il avait reçu une distinction qui, comme le dit Auger, un académicien pourtant, n'était sûrement pas moins flatteuse pour un homme de son caractère que tous les honneurs littéraires : les habitants de Dinan, ses concitoyens, l'avaient nommé maire de leur ville. Quatre ans après (1748), il avait été, en cette qualité, député par le tiers-état aux Etats de Bretagne, et il s'était acquitté de cette commission avec le plus grand zèle. Depuis ce temps, il n'avait cessé de s'intéresser aux affaires de la Bretagne, et il prit hautement parti pour la Chalotais contre ses redoutables persécuteurs.

Ce magistrat, procureur général au Parlement de Rennes, qui s'était fait des ennemis aussi puissants qu'acharnés par les coups qu'il avait portés à l'ordre des Jésuites (supprimé en 1764), et qui bientôt après avait soutenu contre le gouverneur de la Bretagne, le duc d'Aiguillon, les droits de sa province, avait été d'abord exilé à Saintes; puis, la persécution continuant son œuvre, arrêté avec son fils, magistrat comme lui, et emprisonné dans la citadelle de Saint-Malo, pendant que des commissaires instruisaient son procès (1765-1766), c'est-à-dire préparaient sa condamnation. L'indignation de Duclos fut à son comble. Lorsque l'un des commissaires, Calonne, depuis ministre des finances, eut fait paraître son rapport, Duclos, qui se promenait dans le jardin des Tuileries, où ce rapport se vendait publiquement, fut abordé par un de ses amis qui lui dit : « Le croiriez-vous, ici, en plein jour, voilà cet infâme rapport qui se vend ! » — « Comme le juge, » s'écria Duclos. Quelque temps après, il venait d'arriver dans une maison où il avait été invité à dîner, on annonce Calonne ; Duclos ne l'a pas plus tôt aperçu que, prenant son épée et son chapeau, il dit d'une voix élevée au maître de la maison, en face de l'odieux courtisan : « Vous ignoriez donc, Monsieur, que je ne pouvais me trouver avec cet homme-là. » Et il sortit sans attendre de réponse.

Il n'en fallait pas tant à cette époque pour faire envoyer un homme à la Bastille, cet homme fût-il Duclos. Ses amis, inquiets pour lui, l'engagèrent à s'éloigner de la France pour quelque temps. Il partit alors pour l'Italie, qu'il avait toujours désiré visiter, et y resta environ un an (1766-1767). Il a laissé de ce voyage une relation fort intéressante, mais qui ne fut publiée qu'après sa mort. On y trouve, suivant les expressions d'un des plus fins critiques de ce temps, Chamfort, « son esprit d'observation, sa philosophie libre et mesurée, sa manière de peindre par des faits, des anecdotes, des rapprochements heureux. »

Une des pages les plus curieuses de cette relation est celle où Duclos raconte son entrevue avec le pape Clément XIII. Bien que l'on souffre un peu à voir un philosophe baiser la mule d'un pape, ce récit est trop piquant et peint trop bien son auteur pour que je ne vous le fasse pas connaître.

« Après m'être à peu près satisfait sur le matériel de Rome; après en avoir observé les mœurs et le régime, il ne fallait pas, comme le proverbe le dit de ceux qui négligent ce qu'il y a de plus curieux, aller à Rome sans voir le pape. Pour moi, qui ne le jugeais pas l'objet le plus important de mon voyage, j'avais déjà passé un mois dans sa capitale sans penser à lui aller baiser la mule. Je le rencontrais souvent avec son cortége, allant aux prières de quarante heures qui se font tous les jours de l'année successivement dans quelque église. Cependant tous les Français connus s'y étant fait présenter, je crus qu'il y aurait de la singularité à ne le pas faire, d'autant que je sus que quelques cardinaux lui avaient parlé de moi ; et j'étais curieux de voir comment il recevrait un auteur mis à l'index. Je fis part de mon dessein à M. d'Aubonne, notre ambassadeur, qui, le jour même, envoya son maître de chambre demander pour moi une audience. Le pape la donna pour le lendemain.

« Je m'y rendis; et après avoir, suivant l'étiquette, quitté mon chapeau et mon épée, je fus introduit par un prélat, *monsignor* Borghèse. Je fis les trois génuflexions et baisai la mule du pontife, qui me fit relever aussitôt et engagea la conversation. Il me fit d'abord des questions sur les motifs de mon voyage, me parla avec beaucoup d'estime du cardinal de Bernis, avec qui il savait, me dit-il, que j'étais fort lié. Je répondis à tout ce qu'il me demandait, et me mis avec Sa Sainteté aussi à l'aise qu'il est possible, sans sortir du respect qui lui est dû. Il me demanda, entr'autres choses, si je ne comptais pas faire imprimer des morceaux du règne précédent. *Vostra sanita*, lui répondis-je, *non voglio m'avvilire ne perdere*. Votre Sainteté, ajoutai-je en français, me conseillerait-elle de faire lire par nos contemporains des faits qui ne plairaient pas à tous? *E pericoloso*, dit le pape. J'observerai que je lui parlai d'abord en italien ; mais l'entendant mieux que je ne le parle, je me servis du français quand il m'était plus commode ; et pour m'y autoriser, je dis au pape : Je sais que Votre Sainteté entend parfaitement le français, et j'espère qu'elle trouvera bon que le secrétaire de l'Académie française parle quelquefois sa langue. Oui, dit-il, en me parlant lentement. Je me servis donc indifféremment des deux langues. Il m'avait déjà donné une demi-heure d'audience, lorsque je lui dis : Saint-Père, pour ne pas abuser des bontés de Votre Sainteté, je vais en prendre congé ; mais je le supplie auparavant de me donner sa bénédiction paternelle. *Aspetta*, me dit le pape ; et sur un signe qu'il fit à un prélat, celui-ci entra dans un cabinet, d'où il revint le moment d'après, portant sur une soucoupe un chapelet d'une dizaine, d'où pendait une médaille d'or qu'il présenta au saint-père, qui le prit et me le donna. En le recevant de sa main, je pris la liberté de la lui baiser, ce qui le fit sourire, et je vis que les assistants souriaient aussi. Quand je fus sorti, je demandai le motif de cette petite gaîté au prélat qui me conduisait. Il me dit devant les officiers de l'antichambre, que je m'étais attribué un privilége réservé aux cardinaux, qui ont seuls celui de baiser la main du pape, et s'opposèrent au dessein que Benoît XIII (Ursini) avait de l'accorder aux évêques. Comme mon entreprise cardinaliste devint le sujet de la plaisanterie, je leur dis que si une jolie femme m'avait présenté quelque chose, je lui aurais baisé la main en le recevant, et qu'un vieux pontife ne devait pas trouver mauvais qu'on le traitât comme une jolie femme. On en rit beaucoup, et je crois qu'on le redit au pape. »

Encore un extrait. Tout le monde a entendu raconter l'anecdote du général Championnet faisant exécuter par ordre, à Naples, le miracle de saint Janvier. Je trouve dans le Voyage de Duclos une anecdote toute pareille, se rapportant à un général français du temps de la guerre de la succession d'Autriche :

« Lorsque dans la guerre de la succession nous étions maîtres de Naples et que M. d'Avaray y commandait, la saison du miracle arriva. Les Napolitains coururent à l'église par dévotion, les Français, par curiosité, et M. d'Avaray s'y transporta pour maintenir l'ordre et contenir l'indiscrétion française. Il savait que les Napolitains ne nous aimaient pas, nous voyaient avec peine maîtres chez eux, et que l'archevêque était tout dévoué à la maison d'Autriche. Il le prouva dans cette occasion. La fiole du sang de saint Janvier était déjà entre ses mains, et il l'agitait depuis un quart d'heure sans que la liquéfaction voulût se faire. Le peuple, après avoir pìié Dieu d'intercéder auprès de saint Janvier pour en obtenir ce miracle, sans qu'il se fît, commençait à murmurer, et en accusait les Français, comme hérétiques dont la présence était un obstacle aux faveurs du ciel. Cette fermentation croissant par degrés, pouvait avoir des suites violentes. Les troupes étaient peu nombreuses en comparaison des habitants. Un grenadier en toute autre circonstance en aurait imposé à cent bourgeois; mais si le fanatisme venait à enflammer les esprits, le dernier du peuple aurait affronté cent grenadiers. M. d'Avaray, prenant un parti prompt, envoya un de ses gens dire à l'oreille de l'archevêque qu'il eût à faire sur-le-champ le miracle, sinon qu'on le ferait faire par un autre, et que lui archevêque serait aussitôt pendu; et le miracle se fit. »

Duclos était à Naples, lorsqu'il apprit la mort de sa mère, qui était alors plus que centenaire. Il en conçut un profond chagrin. « J'en ressentis, dit-il dans la relation de son voyage en Italie, la douleur qu'on doit éprouver en perdant la seule personne dont on puisse être sûr d'être aimé. A mon chagrin se joignait le regret de n'avoir pu aller cette année en Bretagne jouir du plaisir de passer auprès de ma mère des moments qui me devenaient de jour en jour plus précieux à mesure qu'elle avançait en âge. J'avais l'année précédente été rappelé d'auprès d'elle par une lettre du ministre, attendu que j'étais accusé de ne pas applaudir à la tyrannie qui s'exerçait dans la province. Il est vrai que je m'étais quelquefois expliqué en vrai patriote, en fidèle sujet, et c'était alors un crime. »

Duclos rentra en France en 1767. Les malheurs de son ami la Chalotais et la dissolution des parlements consommée en 1771 répandirent beaucoup d'amertume sur ses dernières années. Il passa la dernière presque tout entière à Dinan, où il voulait se fixer tout-à-fait et rédiger ses mémoires. Etant retourné à Paris pour mettre ordre à ses affaires, il y mourut au bout de trois mois, le 26 mars 1772, à l'âge de 68 ans.

Telle fut la vie de Duclos. Il ne me reste plus, pour bien vous faire connaître l'homme, avant d'étudier le moraliste, qu'à rassembler et à fixer les principaux traits de son caractère. Je renvoie ce portrait au début de la prochaine leçon.

CINQUIÈME LEÇON

DUCLOS

(SUITE ET FIN)

L'HOMME : SON CARACTÈRE — LE MORALISTE

Avant d'étudier le moraliste dans l'écrivain dont j'ai raconté la vie, je voudrais, comme je l'ai dit à la fin de la dernière leçon, rassembler et fixer les principaux traits du caractère de l'homme et ceux de son esprit, ce qui complétera notre biographie de Duclos et nous fournira déjà l'occasion de marquer son rôle au XVIIIe siècle. Nous avons, pour nous aider dans ce travail, outre le témoignage de plusieurs autres de ses contemporains, un portrait tracé vers 1742 (Duclos avait alors 38 ans) par un homme du monde et un homme d'esprit qui le connaissait bien, M. de Forcalquier-Bracas, et un autre que Duclos a fait de lui-même, à la même époque, à l'occasion du précédent.

Nous avons vu, par ses mémoires, qu'il avait de bonne heure et longtemps vécu dans le libertinage. Il fait dans son portrait le même aveu, qui ne semble pas lui coûter beaucoup, mettant tout sur le compte de son tempérament et avouant sans façon qu'il n'avait commencé à s'occuper formellement des lettres que rassasié de libertinage, « à peu près, dit-il, comme ces femmes qui donnent à Dieu ce que le diable ne veut plus. » Il croit cependant devoir ajouter, ce que nous apprennent aussi ses mémoires, qu'ayant fort bien étudié dans sa première jeunesse, il avait un assez bon fonds de littérature qu'il entretenait toujours par goût, sans imaginer qu'il dût un jour en faire sa profession. Duclos ne cessa jamais en effet, même aux jours les plus dissipés de sa vie, de cultiver les lettres ; malheureusement l'amour des plaisirs l'emportait beaucoup trop chez lui sur celui de ces chastes Muses que les anciens représentaient, avec autant de vérité que de poésie, comme exigeant de leurs adeptes un profond recueillement et un culte pieux, et ses œuvres se ressentirent aussi beaucoup trop du fâcheux partage de sa jeunesse.

Nous avons vu en outre que, s'il avait l'amour du libertinage, il avait en même temps une honnêteté naturelle et un sentiment inné de l'honneur qui avait préservé sa jeunesse des « précipices » et des « bourbiers. » M. de Forcalquier confirme ici le témoignage que Duclos s'est rendu à lui-même dans ses mémoires et dont toute sa vie et ses écrits attestent d'ailleurs la vérité. « Emporté jusqu'au transport par les passions (il serait plus juste de dire : par la passion des plaisirs), il les abandonne dès qu'elles s'écartent du chemin de la probité. Il n'a pas besoin d'être ramené dans les voies honnêtes par les réflexions ; un instinct heureux, aussi sûr que ses principes, et qui ne le quitte pas, même dans l'ivresse des sens, l'a conduit, sans jamais l'égarer, à travers l'écueil de toutes les passions. »

Ce sentiment de l'honneur, cette honnêteté, cette droiture est un des traits distinctifs du caractère de Duclos. Elle n'excluait pas chez lui une assez grande habileté de conduite, qualité ou défaut, comme on voudra l'appeler, nécessaire pour faire son chemin sous un régime tel que celui de Louis XV (et à cet égard Duclos peut être rapproché de Montesquieu et de d'Alembert) ; mais elle lui donna aussi une certaine indépendance et une certaine fierté. J'en ai déjà cité des exemples, entre autres sa conduite dans l'affaire de la Chalotais, qui le força de s'éloigner de France pour quelque temps. « On m'avait recommandé en partant, écrivait-il à son ami M. Abeille, la prudence sur cette affaire ; mais j'ai peu de vocation pour cette vertu-là (il en avait peut-être plus qu'il ne le dit, mais son mérite dans cette circonstance n'en était que plus grand) ; j'ai préféré le courage de l'amitié. J'ai parlé comme je pense à tout ce que j'ai rencontré, et j'ai eu la satisfaction de plaire à tous les questionneurs. »

Duclos avait, en effet, comme le disait de lui Louis XV lui-même, sans trop s'en plaindre d'ailleurs, *son franc-parler*. Il avait même quelque chose d'un peu rude, qui tenait à la fois à la franchise de son caractère et à la nature de son esprit, dont je parlerai tout-à-l'heure, esprit libre et vif, mais dépourvu de grâce. « Je ne suis pas grossier, dit-il dans son Portrait, mais trop peu poli pour le monde que je vois. » M. de Forcalquier avait constaté de son côté ce défaut de politesse, et en avait montré les conséquences d'une manière bien fine : « Ce qui lui manque de politesse, avait-il dit, fait voir combien elle est nécessaire avec les plus grandes qualités : car son expression est si rapide et quelquefois si dépourvue de grâces qu'il perd avec les gens médiocres qui l'écoutent ce qu'il gagne avec les gens d'esprit qui l'entendent. »

Il portait la franchise de son caractère jusque dans l'expression de son amour-propre : « Je ne dois paraître modeste, dit-il, qu'à ceux dont je ne me soucie pas. La franchise de mon amour-propre est une preuve de mon estime et de mon goût pour ceux à qui je le montre. J'ai là-dessus la confiance la plus maladroite. Je devrais savoir qu'on suppose toujours à un homme plus d'amour-propre qu'il n'en montre, et j'en montre quelquefois plus que je n'en ai (il convient pourtant qu'il en avait beaucoup). Par exemple, lorsque je crois qu'on veut me rabaisser, je me révolte, je crois devoir me rendre justice, je dis alors de moi tout ce que je pense et sens, et la contradiction me fait peut-être penser de moi plus de bien qu'il n'y en a. »

Mais si Duclos était né, suivant sa propre expression, avec beaucoup d'amour-propre, au témoignage de M. de Forcalquier, il n'avait que de l'amour-propre et point d'orgueil. Point d'orgueil, mais non pas, ce qui est bien différent, point de fierté. Il disait en parlant de M. de Calonne qu'il n'avait porté dans l'administration que des talents de procureur et un orgueil stupide, ne pouvant atteindre à la fierté; il atteignait, au contraire, lui, à la fierté, et c'est précisément ce qui le préservait de l'orgueil.

C'est aussi pour cela qu'il cherchait l'*estime*, non les *récompenses*. C'est encore M. de Forcalquier qui parle ainsi de lui, ajoutant : « Il sait un gré infini à ceux qui le connaissent de bien sentir tout ce qu'il vaut, il cherche par de nouveaux efforts à convaincre de la supériorité de ses lumières ceux qui n'en ont pas encore bien démêlé toute l'étendue ; mais il pardonne au roi de ne pas le faire ministre, aux seigneurs d'être plus grands que lui, aux gens de son état d'être plus riches. »

Lui-même se rend ce témoignage qu'il était, ce qui

est rare, dit-il, parmi les gens de lettres, sans jalousie, et il invoque à l'appui de ce témoignage celui même de ses confrères.

Il avoue d'ailleurs qu'il est très-colère, mais il ajoute qu'il n'est nullement haineux, et il dit en parlant de son cœur : « Je l'ai bon et j'en ai la réputation, mais il n'y a que moi qui sache jusqu'à quel point je suis un bonhomme. »

Cette bonhomie en effet n'était guère apparente : la vivacité qu'il avait dans le ton, ce quelque chose de plus dans la dispute qu'indique son successeur à l'Académie française, Beauzée, cette rudesse dont nous parlions tout à l'heure, tout cela n'annonçait pas précisément de la bonhomie; mais sur la fin de sa vie, dit le prince de Beauvau, répondant au discours de Beauzée, « l'âge, l'expérience, un grand fonds de bonté avaient instruit M. Duclos à devenir indulgent pour les particuliers, et à ne plus dire qu'en public des vérités dures. »

Quant à l'esprit, Duclos a raison de dire que ses ouvrages prouvent qu'il en avait; mais il ajoute : « Ceux qui me connaissent personnellement prétendent que je suis supérieur à mes ouvrages. L'opinion qu'on a de moi à cet égard vient de ce que, dans la conversation, j'ai un ton et un style à moi, qui, n'ayant rien de peiné, d'affecté ni de recherché, est à la fois singulier et naturel. » Tout cela s'accorde assez bien avec ce que les contemporains de Duclos nous ont rapporté de sa conversation; mais il faut ajouter aussi, suivant le portrait de M. de Forcalquier, que son expression était dépourvue de grâce. Son esprit avait, en effet, de la gaîté, de la vivacité, du sel, du mordant, une grande adresse à lancer le sarcasme, mais rien de ce qui ressemble à ce qu'on nomme de la grâce. On cite de lui un grand nombre de mots qui montrent bien ce que son esprit devait être dans la conversation. Il disait un jour au sujet des grands qui n'aimaient pas les gens de lettres, et qui l'appelaient, lui, un plébéien révolté : « Ils nous craignent comme les voleurs craignent les réverbères. » — Fatigué d'entendre les courtisans ne parler que du lever et du coucher et du débotté du roi, il exprimait ainsi son dégoût : « Quand je dîne à Versailles, il me semble que je mange à l'office. On croit voir des valets qui ne s'entretiennent que de ce que font leurs maîtres. » — Un jour, en sortant de table (il en sortait rarement sans être échauffé, nous dit son contemporain, Senac de Meilhan, qui rapporte ce propos et explique ainsi la hardiesse de ses sarcasmes), il disait du lieutenant de police : « Je tirerai ce drôle-là de la fange pour le pendre dans l'histoire. » Il peignait une autre fois par le trait suivant la bassesse d'un de ces hommes qui, pour parvenir, se montrent insensibles à tous les affronts : « On lui crache au visage, on le lui essuie avec le pied, et il remercie. » M. Sainte-Beuve (*Causeries du Lundi*) trouve le mot piquant, mais excessif. En voici un autre, qui, sans présenter une image aussi violente, n'est pas moins piquant : « Un tel est un sot, c'est moi qui le dis, et c'est lui qui le prouve. » Citons encore la réponse qu'il fit un jour, dit-on, à un candidat à l'Académie, lequel lui faisait entendre qu'étant atteint d'une maladie grave, il laisserait bientôt la place vacante : « Eh ! Monsieur, l'Académie n'est pas faite pour donner l'extrême-onction. »

Il faut le dire à l'honneur de Duclos : tous les sarcasmes que nous connaissons de lui n'attestent pas seulement un esprit mordant, mais prouvent aussi la droiture de son caractère. J'ai dit que cette droiture n'excluait pas chez lui une habileté de conduite, une prudence, une politique qu'on ne s'attend guère à trouver et que, pour ma part, je ne saurais louer chez un philosophe. C'est là un point sur lequel il est nécessaire d'insister pour bien faire connaître Duclos, et pour mieux marquer sa place et son rôle dans la philosophie du XVIIIe siècle.

J'en trouve un exemple saillant dans le propos qu'il tint à Rousseau, au rapport de celui-ci, touchant la *Profession de foi du vicaire savoyard*. Mais il faut dire d'abord, ce qui est encore à l'honneur de Duclos, qu'il fut l'un des rares hommes de lettres qui ne se déchaînèrent point contre le pauvre Jean-Jacques, et le seul que ce dernier n'ait point accusé de trahison. C'est aussi le seul homme que Rousseau ait honoré d'une dédicace : celle du *Devin du village;* il en fit bien encore une autre après celle-là, celle du *Discours sur l'inégalité parmi les hommes*, mais à la République de Genève, et avec l'agrément même de Duclos, qui, comme il le dit fort bien, dut se tenir encore plus honoré de cette exception que si l'auteur n'en avait fait aucune. Ils s'étaient connus chez Mme d'Epinay, si défavorable à l'un et à l'autre dans ses *Mémoires*, un peu suspects. « Duclos, raconte Rousseau dans ses *Confessions*, doué de trop grands talents pour ne pas aimer ceux qui en avaient, s'était prévenu pour moi. Je fus le voir, il vint me voir, et ainsi commencèrent entre nous des liaisons qui me le rendirent toujours cher, et à qui je dois de savoir, outre le témoignage de mon propre cœur, que la droiture et la probité peuvent s'allier avec la culture des lettres. » Revenons maintenant au propos dont je voulais parler. Rousseau rapporte qu'il lut à Duclos la

Profession de foi du vicaire savoyard : il l'écouta, ajoute-t-il, très-paisiblement, et, comme il me parut, avec un grand plaisir. Il me dit quand j'eus fini : « Quoi, citoyen, cela fait partie d'un livre qui s'imprime à Paris? — Oui, lui dis-je, et l'on devrait l'imprimer au Louvre par ordre du roi. — J'en conviens, me reprit-il, mais faites-moi le plaisir de ne jamais dire à personne que vous m'ayez lu ce morceau. » Faut-il croire que Duclos ait poussé dans cette circonstance la prudence, ou plutôt la pusillanimité jusqu'à craindre d'être compromis pour avoir écouté la lecture de ces pages, et qu'il ait voulu exprimer ici ses appréhensions personnelles? Cela n'est nullement probable, et ne s'accorderait guère avec l'opinion que Rousseau avait de lui quand il lui écrivait, trois mois plus tard (2 décembre 1764), ces paroles que j'ai déjà eu occasion de citer : « Mon cher ami, comment faites-vous pour être honnête homme et ne pas vous faire pendre? » Ce n'était là sans doute qu'*une manière frappante de s'exprimer* (c'est ainsi que Rousseau caractérise lui-même le propos de Duclos) pour signaler à son ami le danger auquel il s'exposait en publiant des pages aussi hardies. Mais en ceci même je trouve que Duclos poussait la prudence beaucoup trop loin pour un philosophe : il était beaucoup trop à cet égard de l'école de Fontenelle, dont il avait adopté cette maxime, si peu digne d'un vrai philosophe, que, s'il avait la main pleine de vérités, il se garderait bien de l'ouvrir.

Aussi, tout en collaborant à l'*Encyclopédie* et en donnant la main aux philosophes, en les poussant à l'Académie et en employant même pour cela (comme dans l'élection de d'Alembert) des moyens qui auraient dû répugner à sa probité, mais dont le parti anti-philosophique donnait lui-même l'exemple (témoin ce que raconte Marmontel au sujet de son élection, où notre académicien déjoua fort adroitement le complot de ce parti), Duclos se garda-t-il de s'enrôler ouvertement sous la bannière de ce qu'on nommait alors le parti philosophique.

Il faut le reconnaître, d'ailleurs, pour être tout à fait juste envers lui : ce n'était pas là seulement de a part un acte de prudence personnelle, c'était aussi le désir bien légitime de conserver son indépendance et de rester sur la limite que lui assignait son propre esprit. Quoique libre penseur, trop libre même, du moins sur l'article des mœurs (si l'on en juge par cette conversation, rapportée par Mme d'Epinay, qui eut lieu un soir chez une ancienne actrice de la Comédie française, Mlle Quinaut, et où celle-ci reprochait à Duclos de *casser les vitres*), il ne pensait pas que tout ce que certains philosophes attaquaient comme des préjugés funestes fussent des erreurs, ni même qu'il fût bon de démolir tous les préjugés à la fois; et c'est pourquoi il blâmait les emportements de doctrine et les excès de polémique de ces philosophes, tels que d'Holbach, Helvétius, etc. C'est ce qu'il exprimait dans cette saillie si souvent citée, d'après Mallet-Dupan : *Ils en diront et en feront tant qu'ils finiront par m'envoyer à confesse*, ou, d'après la version d'Auger, la seule exacte, suivant ce biographe : *Ils sont là une bande de petits impies qui finiront par m'envoyer à confesse*. En toutes choses, Duclos portait beaucoup plus l'esprit d'un réformateur, et encore d'un réformateur très-modéré, que celui d'un révolutionnaire.

C'est ce que vont confirmer les *Considérations sur les mœurs de ce siècle*, dont j'ai maintenant à vous parler pour vous faire connaître Duclos comme moraliste.

Je ne puis songer à faire ici une analyse détaillée et complète de cet ouvrage, qui est assez étendu et qui en outre ne nous offre point un système suivi, mais une série de chapitres détachés et d'observations particulières ; je voudrais seulement vous donner une idée du but et de l'esprit général de l'ouvrage, et tirer des observations qu'il renferme quelques exemples propres à vous bien faire saisir les idées et le style du moraliste.

Une chose qui ne manquerait pas d'étonner ceux qui ouvrent ce livre, s'ils ne connaissaient déjà l'auteur, c'est de voir qu'il est précédé d'une dédicace à Louis XV, auquel Duclos offrit l'hommage de sa deuxième édition. Mais nous savons que l'année même où il publiait la seconde édition de son Louis XI (1750), Duclos avait été nommé par ce prince à la place d'historiographe de France, et nous savons aussi que, sans être un courtisan, il était ce que l'on appelle quelquefois un politique. C'est ainsi que, comme Montesquieu, Voltaire et d'autres philosophes du même temps, il s'était assuré l'appui de Mme de Pompadour, et que dans cette circonstance il tint à placer sous le patronage du souverain un ouvrage qui, malgré la modération des idées et du langage, pouvait soulever contre lui le clergé et la noblesse. Là est précisément la réponse à la question que lui adressait Rousseau : voilà comment il faisait pour penser librement et ne pas se faire pendre.

Duclos n'est point un philosophe traitant la morale d'une manière théorique, c'est-à-dire remontant d'abord à ses principes fondamentaux, puis en déduisant les conséquences et traçant ainsi une théorie régulière de nos devoirs et de nos vertus ou de nos vices ; le titre même de son ouvrage : *Considérations sur les mœurs de ce siècle*, indique que tel n'est pas son but. Mais, d'un autre côté, ce n'est pas non plus, comme on pourrait le croire d'après ce même titre, un observateur se bornant à peindre les mœurs de son temps pour le seul plaisir de les peindre : « Quoique cet ouvrage, dit-il dans son Introduction, semble avoir pour objet particulier la connaissance des mœurs de ce siècle, j'espère que l'examen des mœurs actuelles pourra servir à faire connaître l'homme de tous les temps. » — « Je me suis proposé, dit-il dans les lignes qui précèdent celles que je viens de citer, en observant les mœurs, de démêler dans la conduite des hommes quels en sont les principes et peut-être de concilier leurs contradictions. Les hommes ne sont inconséquents dans leurs actions que parce qu'ils sont inconséquents et vacillants dans leurs principes. » Tel est le but que poursuit Duclos, et l'on voit en même temps quelle est sa méthode : il veut démêler les principes de la conduite des hommes, mais par l'observation même de cette conduite ; il veut faire connaître l'homme, mais par l'étude des hommes. Il lui semble que les observations de ceux qui ont été, comme lui, à portée de connaître les hommes, seraient aussi utiles à la science des mœurs que les journaux des navigateurs à la navigation. « Des faits et des observations suivies, dit-il, conduisent nécessairement à la découverte des principes, les dégagent de ce qui les modifie dans tous les siècles et chez les différentes nations, au lieu que des principes spéculatifs sont rarement sûrs, ont encore plus rarement une application fixe et tombent souvent dans le vague des systèmes. »

Ainsi Duclos, tout en paraissant ne s'occuper que d'un objet particulier : les mœurs de son siècle, a en vue un objet plus général : l'homme, et un but pratique : la détermination des principes qui nous doivent servir de règles. Mais ces principes, au lieu de les demander à une spéculation abstraite, il prétend les déduire de l'expérience même de la vie.

On pourrait lui contester la valeur absolue de cette méthode, en lui rappelant ce qu'il dit très-bien lui-même plus loin (chap. 1er : *Sur les mœurs en général*) que *les mœurs* diffèrent de *la morale*, qui en devrait être la règle, et dont elles ne s'écartent que trop souvent, d'où il suit qu'il faut être déjà en possession de cette règle pour juger ces mœurs, et que, par conséquent, on ne peut tirer la première de l'observation des secondes ; mais il faut reconnaître, en tout cas, que la connaissance des hommes est, en effet, très-utile à la science des mœurs. Duclos ajoute d'ailleurs avec beaucoup de raison qu'il y a une grande différence entre *la connaissance de l'homme et la connaissance des hommes*. « Pour connaître l'homme, dit-il très-justement, il suffit de s'étudier soi-même ; pour connaître les hommes, il faut les pratiquer. »

La morale de Duclos est, comme celle de Vauvenargues, comme celle de tous les philosophes du XVIIIe siècle, une réaction contre cette triste et désespérante doctrine qui avait tant assombri le moyen-âge et dont Port-Royal avait été, au siècle précédent, la dernière et la plus haute expression. Comme Vauvenargues, Duclos s'élève contre « ces écrits sur la morale où l'on commence par supposer que l'homme n'est qu'un composé de misère et de corruption, et qu'il ne peut rien produire d'estimable. » — « Ce système, dit-il, est aussi faux que dangereux. Les hommes sont également capables de bien et de mal : ils peuvent être corrigés, puisqu'ils peuvent se pervertir ; autrement pourquoi punir, pourquoi récompenser, pourquoi instruire ? » Et il ajoute, rappelant ainsi le grand principe auquel, avec tous les philosophes de son temps, il voudrait ramener les hommes : « Mais, pour être en état de reprendre et en état de corriger les hommes, *il faudrait d'abord aimer l'humanité*, et l'on serait alors à leur égard juste sans dureté et indulgent sans lâcheté. »

Duclos a bien raison de chercher à relever la nature humaine des calomnies et des anathèmes qui avaient pesé sur elle durant tant de siècles, et à réveiller dans les âmes le sentiment, si longtemps endormi, de l'amour de l'humanité. Il entre ici, comme Vauvenargues, dans ce courant généreux qui emportait les meilleurs esprits de son siècle. Seulement, comme beaucoup de ses contemporains, il confond trop le principe du devoir et de la vertu avec celui de l'intérêt personnel, ou au moins de l'intérêt social, comme si l'obligation morale ne dominait pas la considération de notre bonheur et n'en prescrivait pas souvent le sacrifice, comme si l'essence même de la vertu n'était pas le désintéressement, comme si enfin nos actions n'étaient *bonnes* ou *mauvaises*, moralement parlant, que par les effets utiles ou nuisibles qu'elles produisent. Ce sera la gloire du philosophe de Kœnigsberg, Emmanuel Kant, de redresser sur ce point la morale du XVIIIe siècle. Mais, en attendant Kant, qui ne paraîtra qu'à la fin du siècle, Rousseau va bientôt s'appliquer à la pousser dans une meilleure voie.

Rousseau, à cette époque, n'avait pas encore écrit l'*Émile*, mais déjà l'importance de l'éducation pour les individus et les peuples et la nécessité de réformer le système suivi jusqu'alors commençaient à frapper les esprits. Aussi Duclos consacre-t-il le second chapitre de son ouvrage à cet objet si important et alors si nouveau.

Il distingue avec raison l'éducation de l'instruction. Celle-ci, qui concerne la culture de l'esprit et des talents, doit être différente suivant l'état, l'inclination et les dispositions de ceux qu'on veut instruire ; celle-là qui devrait avoir pour but de former les hommes, c'est-à-dire de les élever respectivement les uns pour les autres, devrait être générale, uniforme. Voici comment Duclos la conçoit : « Nous avons tous dans le cœur des germes de vertus et de vices, il s'agit d'étouffer les uns et de développer les autres. Toutes les facultés de l'âme se réduisent à sentir et à penser ; nos plaisirs consistent à aimer et à connaître : il ne faut donc que régler et exercer ces dispositions, pour rendre les hommes utiles et heureux par le bien qu'ils feraient et qu'ils éprouveraient eux-mêmes. » On pourrait justement reprocher aux termes où est posé ce problème d'être bien vagues ou bien incomplets ; mais il faut savoir gré à Duclos de l'avoir posé, c'est-à-dire d'avoir mis en lumière la nécessité de réformer l'éducation générale pour la ramener à son véritable objet, l'homme, la mettre en harmonie avec les progrès de l'esprit humain, et préparer ainsi à l'humanité un meilleur avenir. « Je ne sais, disait-il, si j'ai une trop bonne opinion de mon siècle ; mais il me semble qu'*il y a une certaine fermentation de raison universelle qui tend à se développer*, qu'on laissera peut-être se dissiper, et dont on pourrait assurer, diriger et hâter les progrès par une éducation bien entendue. » Si cette belle parole de Duclos eût été mieux comprise, la réforme des esprits et des mœurs par cette éducation bien entendue dont il parle eût prévenu bien des orages ; mais elle rencontrait trop d'obstacles dans les intérêts et les préjugés régnants pour avoir quelque chance d'arriver aux oreilles des puissants.

Il ne s'agissait point d'ailleurs pour Duclos d'extirper d'un coup et sans discernement tout ce que beaucoup de philosophes de son temps attaquaient comme des préjugés funestes. Sur ce point, qu'il examine tout particulièrement à propos de la question même de l'éducation qu'il vient de soulever, Duclos montre une circonspection qu'on ne rencontre pas ordinairement chez les écrivains de son temps, et qui confirme ce que j'ai déjà dit de la nature de son esprit et de son caractère. Il est curieux de voir comment il parle ici des préjugés.

Il commence par une définition et une distinction très-justes : c'est qu'un préjugé n'étant autre chose qu'un jugement porté ou admis sans examen, peut être une *vérité* ou une *erreur*. Partant de là, il pose en principe que les préjugés *nuisibles à la société* ne peuvent être que des erreurs, et ne sauraient être trop combattus, et il accorde qu'on ne doit pas non plus entretenir des erreurs indifférentes par elles-mêmes, s'il y en a de telles. Mais il a soin d'ajouter que celles-ci exigent de la prudence : « Il en faut quelquefois, dit-il, en combattant le vice ; on ne doit pas arracher témérairement l'ivraie. » — Quant aux préjugés qui tendent au bien de la société, et qui sont des germes de vertu, « on peut être sûr, affirme-t-il, que ce sont des vérités qu'il faut respecter et suivre ! » Cette maxime, qui fait de l'intérêt social, ou de ce que l'on croit être l'intérêt social, la mesure de la vérité, ne saurait être la règle du philosophe, c'est-à-dire de celui qui est réellement possédé de l'amour de la vérité : celui-là cherche dans les lumières mêmes de la vérité et non dans des considérations extérieures, le signe qui doit la distinguer de l'erreur, bien sûr d'ailleurs que le vrai ne peut que s'accorder avec le bien. Il n'est pas non plus d'un philosophe de dire, comme le fait Duclos, qu'il est inutile de s'attacher à démontrer des *vérités acquises*, mais qu'il suffit d'en recommander la pratique, comme si la question n'était pas précisément de savoir quelles sont, parmi les opinions reçues, celles qui méritent réellement le titre de vérités acquises, et comme si l'examen et la démonstration n'étaient pas les seuls moyens de résoudre cette question. Duclos craint qu'en voulant trop éclairer certains hommes, on ne leur inspire une présomption dangereuse ; mais quoi ! Les philosophes demeureront-ils dédaigneusement à l'écart de leurs semblables et leur tiendront-ils la lumière sous le boisseau, de peur qu'on n'en abuse ! Duclos renvoie le commun des hommes au sentiment intérieur; mais il faut au moins que ce sentiment intérieur soit lui-même éclairé pour les bien diriger. Il est donc juste de lui reprocher ici une réserve excessive de la part d'un philosophe. Il s'inquiétait des ruines que l'on entassait autour de lui : « On déclame beaucoup depuis un temps, s'écrie-t-il, contre les préjugés, peut-être en a-t-on trop détruit, » et il est vrai que l'on attaquait trop souvent sous le nom de préjugés les idées et les sentiments qui sont comme l'apanage de l'humanité (en quoi d'ailleurs Duclos n'était pas lui-même tout-à-fait exempt de reproches) ; mais il aurait fallu distinguer tout cela et ne pas resserrer le libre examen en des limites que la philosophie ne saurait accepter.

Quoi qu'il en soit, Duclos n'en reconnaît pas moins la nécessité de combattre les faux préjugés, et parmi ceux-ci il place celui de la naissance. « Il n'y a point, dit-il, de préjugé dont on se défasse moins : il y a peu d'hommes assez sages pour regarder la noblesse comme un avantage, et non comme un mérite, et pour se borner à en jouir sans en tirer vanité. » Il ne va point pourtant jusqu'à demander l'abolition des priviléges de la noblesse (l'homme circonspect reparaît ici dans le plébéien révolté) : « Je suis très-éloigné, dit-il, de vouloir déprécier un ordre aussi respectable que celui de la noblesse; » mais la manière même dont il en parle prouve le cas qu'il en fait. Il revient plus loin sur le même sujet en parlant des grands seigneurs (chap. V), tels qu'ils étaient de son temps, c'est-à-dire tels que les avaient faits, avant Louis XV, Louis XI, Richelieu et Louis XIV, dont il apprécie ainsi l'œuvre sur ce point : « Le peuple a pu gagner à l'abaissement des grands, ceux-ci ont encore plus perdu; mais il est plus avantageux à l'Etat qu'ils aient tout perdu que s'ils avaient tout conservé. » Il cherchait ici à dissiper la crainte que les grands seigneurs causaient au peuple, en lui rappelant, ce qui était vrai en un sens, mais aussi humiliant pour les uns que pour les autres, que les grands et les petits avaient *le même maître*, en ajoutant, ce qui était exagéré, qu'ils étaient liés par les mêmes lois et qu'elles étaient rarement sans effet quand on les réclamait hardiment, et en cherchant ainsi à lui inspirer le courage de tenir tête à une puissance qui n'était sans doute pas aussi imaginaire qu'il le dit, mais qui n'était pas non plus aussi réelle que le peuple le supposait, trompé qu'il était par l'éclat extérieur.

Nous pouvons apprécier par cet exemple le caractère des idées politiques de Duclos. N'attendez pas de lui les explosions de cet autre plébéien beaucoup plus vraiment révolté, Jean-Jacques Rousseau : il s'accommode assez bien au régime existant ; mais ne croyez pas non plus qu'il soit indifférent aux droits et aux aspirations du peuple : il sait au besoin, nous l'avons vu par sa vie, tenir tête au despotisme, et suivant sa propre expression, assez neuve à cette époque, parler *en vrai patriote*. Mais, comme je l'ai dit plus haut, il y a en lui beaucoup plutôt l'étoffe d'un réformateur modéré que d'un révolutionnaire.

Je trouve, dans son *Voyage en Italie*, la relation d'une conversation avec Beccaria qui montre bien ce qu'était réellement Duclos ; je veux vous la lire à ce titre.

« Le marquis Beccaria, auteur de l'ouvrage *Dei delitti e delli pene*, que je comptais aller voir, me prévint, et nous eûmes ensemble une conversation au sujet de son livre. Après lui avoir fait compliment sur le caractère d'humanité qui l'avait inspiré, je ne lui dissimulai point que je n'étais pas de son sentiment sur la conclusion qui tend à proscrire la peine de mort, pour quelque crime que ce puisse être. Je lui dis qu'il n'avait été frappé que de l'horreur des supplices, sans porter sa vue en rétrogradant sur l'énormité de certains crimes qu'on ne peut punir que de mort, et quelquefois d'une mort terrible, suivant les cas. Je convins de la sévérité, à certains égards, de nos lois criminelles, telles que la question préparatoire ; mais j'ajoutai, et je le pense, que sans proscrire aucun genre de mort, il n'y aurait, pour la réforme de notre code criminel, qu'à fixer une gradation de peines, comme une gradation de délits. Il y aurait, sans doute des délits qui ne seraient pas punis de mort, ainsi qu'ils le sont actuellement ; mais il y a des crimes qui ne peuvent l'être d'une mort trop effrayante. La rigueur du châtiment est, dans certaines circonstances, un acte d'humanité pour la société en corps. J'entrai dans quelques explications, et je finis par donner à l'auteur les éloges que mérite son projet, qui peut être l'occasion d'une réforme dans le code criminel. Je crois cependant qu'on l'a trop exalté. Mais l'excès est l'esprit du siècle, et peut-être l'a-t-il toujours été du Français. On est revenu depuis quelque temps de beaucoup de préjugés ; mais on s'accoutume trop à regarder comme tels tout ce qui est admis. Dès qu'un auteur produit une idée nouvelle, elle est aussitôt reçue comme vraie ; la nouveauté seule en est le passe-port. Je voudrais pourtant un peu d'examen et de discussion avant le jugement. Doit-on enseigner des erreurs aux hommes ? La réponse sera courte. Jamais. Doit-on les détromper de toutes ? Ce serait la matière d'un problème qu'on ne résoudrait pas sans faire des distinctions. Il faudrait d'abord s'assurer si ce qu'on prend pour des erreurs, en sont en effet, et si ces prétendues erreurs sont utiles ou nuisibles à la société. »

Voilà bien Duclos. Nous retrouvons ici trait pour trait l'auteur des *Considérations*.

Je ne veux pas quitter ce dernier ouvrage sans vous en donner un échantillon qui vous permette de juger Duclos, — en qui je n'ai guère représenté jusqu'ici que le philosophe, — comme peintre de mœurs, et je ne puis à cet effet rien choisir de mieux que le passage où il peint si bien ces vices de son temps : le prétendu *bon ton*, le *persifflage* et la *méchanceté*, qui sont bien aussi un peu ceux des nôtres.

« Le *bon ton*, dans ceux qui ont le plus d'esprit, consiste à dire agréablement des riens, et à ne pas se permettre le moindre propos sensé, si l'on ne le fait excuser par les grâces du discours ; à voiler enfin la raison, quand on est obligé de la produire avec autant de soin que la pudeur en exigeait autrefois, quand il s'agissait d'exprimer quelque idée libre. L'agrément est devenu si nécessaire que la médisance même cesserait de plaire, si elle en était dépourvue. Il ne suffit pas de nuire, il faut surtout amuser ; sans quoi le discours le plus méchant retombe plus sur son auteur que celui qui en est le sujet.

« Ce prétendu *bon ton*, qui n'est qu'un abus de l'esprit ne laisse pas d'en exiger beaucoup ; ainsi il devient dans les sots un jargon inintelligible pour eux-mêmes ; et, comme les sots font le grand nombre, ce jargon a prévalu. C'est ce qu'on appelle le *persifflage*, amas fatigant de paroles sans idées, volubilité de propos qui font rire les fous, scandalisent la raison, déconcertent les gens honnêtes ou timides, et rendent la société insupportable.

. . . .

. . . . Aujourd'hui la *méchanceté* est réduite en art ; elle tient lieu de mérite à ceux qui n'en ont point d'autre, et souvent leur donne de la considération.

Voilà ce qui produit cette foule de petits méchants subalternes et imitateurs, de caustiques fades, parmi lesquels il s'en trouve de si innocents ; leur caractère y est si opposé, ils auraient été de si bonnes gens, en suivant leur cœur, qu'on est quelquefois tenté d'en avoir compassion, tant le mal coûte à faire. Aussi en voit-on qui abandonnent leur rôle comme trop pénible ; d'autres persistent, flattés et corrompus par les progrès qu'ils ont faits. Les seuls qui aient gagné à ce travers de mode, sont ceux qui, nés avec le cœur dépravé, l'imagination déréglée, l'esprit faux, borné et sans principes, méprisant la vertu, et incapables de remords, ont le plaisir de se voir les héros d'une société dont ils devraient être l'horreur. »

Le livre qui vient de nous occuper n'est sans doute pas une œuvre de premier ordre, comme (pour ne pas sortir du xviiie siècle) les *Maximes et Réflexions* de Vauvenargues, ou l'*Emile* de Jean-Jacques Rousseau ; il n'a eu ni le succès posthume du premier de ces ouvrages, ni la grande influence du second sur son temps. Mais il n'en mérite pas moins qu'on lui fasse une place dans l'histoire du xviiie siècle ; car, en même temps qu'il nous offre une peinture fidèle et souvent vive de la société et des mœurs de cette époque, il appartient, malgré certaines réserves, à ce généreux courant d'idées qui emportait alors les esprits. La philosophie morale et politique qu'il renferme offre sans doute bien des lacunes, et l'on sent en le lisant combien fut heureuse l'apparition de Rousseau ; mais tel qu'il est et quoiqu'il soit dédié à Louis XV, cet ouvrage est vraiment digne de l'éloge qu'en faisait Voltaire : c'est *le livre d'un honnête homme.*

Ce ne sera pas sortir de notre sujet, mais le compléter, au contraire, que de dire un mot de Duclos comme historien. Il appartient, en effet, comme tous les historiens du xviii° siècle, à ce que j'appelle *l'école morale.* On n'avait pas encore inventé à cette époque cette belle philosophie de l'histoire qui a fleuri de nos jours et porté les fruits que vous savez. Entendons-nous bien. Le xviii° siècle est le père de la philosophie de l'histoire, comme de toutes les grandes idées : il a créé la chose et le mot. Vico en Italie, Herder et Kant en Allemagne, Montesquieu, Voltaire, Turgot, Condorcet en France, tous ces vrais fondateurs de la philosophie de l'histoire ne sont-ils pas en effet des hommes du xviii° siècle ? Et pouvait-il en être autrement ? Comment le siècle qu'on a si justement appelé le siècle de la philosophie, n'aurait-il pas appliqué la philosophie à l'histoire ? Comment le siècle qui a si bien conçu l'idée du progrès n'aurait-il pas conçu la philosophie de l'histoire, qui n'est que la démonstration de cette loi par l'histoire de l'humanité ? Mais il ne pensait point, ce siècle dont la philosophie a été si souvent accusée d'immoralité, que la philosophie de l'histoire dût étouffer la voix de la conscience du genre humain, et ce n'est pas lui qui aurait jamais songé à ériger les criminels les plus odieux en grands hommes providentiels. Cette invention était réservée à notre temps. L'histoire au xviii° siècle ne fit point fléchir les lois de la conscience et les droits de l'humanité devant ces hautes théories qui en font aujourd'hui si bon marché ; elle resta comme la grande justicière des hommes et des peuples. Tel est le caractère qu'elle a chez Duclos, comme chez les autres historiens de ce temps. Ses deux principaux ouvrages historiques sont l'*Histoire de Louis XI*, et des *Mémoires secrets* sur le règne de Louis XIV, la Régence et le règne de Louis XV. Il s'est servi pour le premier de ces deux ouvrages d'un immense travail manuscrit entrepris par l'abbé le Grand (mort en 1733), et auquel ce savant avait consacré trente années de sa vie. Pour le second, il a beaucoup mis à contribution les *Mémoires de Saint-Simon*, si fameux aujourd'hui, mais encore inédits à cette époque (la première édition date seulement de 1829). Dans l'un et dans l'autre, il n'a fait souvent qu'abréger les grands travaux que je viens de citer. Un critique très-savant et très-fin, mais plus amoureux des curiosités qu'attaché aux principes, M. Sainte-Beuve, s'est plu à rapprocher de ces travaux les ouvrages de Duclos pour signaler les emprunts et les différences littéraires : c'est ainsi qu'il nous montre Duclos ajoutant des traits à l'abbé le Grand, mais en revanche émoussant ceux de St-Simon, à l'incomparable originalité duquel il ne rendait pas suffisamment justice ; mais tout cela ne suffit pas pour faire connaître Duclos comme historien : il faudrait aussi montrer dans cet historien le moraliste, l'*honnête homme*, comme l'appelaient ses amis, le *plébéien révolté*, comme l'appelaient ses ennemis. Je ne puis à mon tour entreprendre ici ce travail ; j'ai voulu seulement indiquer en Duclos, tout historiographe officiel qu'il fût, le caractère moraliste de l'historien ; et, pour faire ressortir ce caractère, je me bornerai, en finissant, à extraire de la préface des *Mémoires secrets* le passage suivant :

« Il semble que le temple de la gloire ait été élevé par des lâches qui n'y placent que ceux qu'ils craignent. Ceux qui ont bien mérité de la patrie, et ceux qui l'ont asservie et en ont corrompu les mœurs, sont également du ressort de l'histoire. Les premiers ont droit d'y occuper une place honorable ; les autres, grands ou petits, doivent en subir la justice. Persuadé qu'on ne doit punir que pour l'exemple, révéler les fautes que pour en prévenir de pareilles, je ne tirerai point de l'oubli des faits isolés, sans conséquence pour l'État et dont tout le fruit serait de mortifier gratuitement une famille. Mais je montrerai, quels qu'ils soient, les coupables envers la nation.... Ce sont les cadavres des criminels que l'on expose à la vue des scélérats de leur espèce. »

SIXIÈME LEÇON

HELVÉTIUS

L'HOMME : SA VIE, SON CARACTÈRE

De même qu'en passant de Vauvenargues à Duclos, nous avons déjà descendu quelques degrés, nous allons en descendre encore plusieurs en passant de Duclos à Helvétius et aux moralistes dont il me reste à vous parler. Mais l'étude d'Helvétius (pour ne parler d'abord que de celui-là) nous offrira aussi son genre d'intérêt. Elle nous montrera, en effet, suivant ce que j'ai indiqué dès le début de ce cours, que la doctrine morale de cet écrivain ne fut nullement, — quoi qu'on en ait dit et qu'on répète encore à ce sujet, — la véritable expression de la philosophie du XVIII° siècle, puisqu'elle a été vivement attaquée et éloquemment réfutée par les plus grands écrivains et les meilleurs esprits de ce temps. Cette étude aura en outre l'avantage de mettre cet autre point en lumière : c'est que, malgré les aberrations de sa doctrine, cet auteur lui-même était animé d'un souffle généreux qui la relevait et la purifiait en quelque sorte ; et que, si des écrits comme les siens, ont pu avoir par leurs mauvais côtés une influence fâcheuse, ils en ont aussi exercé une bonne par les grands sentiments qui s'y manifestaient en dépit du système. Enfin, quoi que l'on pense de la valeur philosophique et littéraire des œuvres d'Helvétius, on ne saurait nier que l'homme ne soit digne de sympathie et d'estime, et que, comme il a obtenu celles de ses contemporains, et parmi eux des plus illustres, il ne mérite aussi les nôtres. Tout le monde accordera au moins qu'en lui l'homme vaut mieux que les livres, et que même, — ce qui n'est pas non plus un spectacle sans intérêt, — il les dément heureusement, comme le disait Jean-Jacques Rousseau dans une éloquente apostrophe de la *Profession de foi du vicaire savoyard* qui est à l'adresse d'Helvétius : « Ton cœur bienfaisant dément ta doctrine. »

Voyons donc d'abord l'homme dans Helvétius, et arrêtons-nous-y avec d'autant plus de complaisance qu'il est supérieur à ses livres et que ses exemples peuvent servir à réfuter ses principes.

Helvétius naquit à Paris la même année où Vauvenargues naissait à Aix, en 1715. Mais si cette date les réunit, combien leurs destinées furent différentes ! Vauvenargues traîna dans la gêne, la douleur et l'obscurité le petit nombre d'années qu'il lui fut donné de vivre, et il mourut au moment où il touchait à la gloire qu'il méritait si bien. Helvétius, au contraire, eut une existence riche, heureuse, brillante, et il obtint de son vivant la renommée qu'il souhaitait. Il n'y a rien non plus de commun entre leurs esprits, si ce n'est ce qui appartient au courant généreux du temps, courant qui ne se fait pas moins sentir dans les bas fonds du système d'Helvétius que dans les hautes et nobles pensées de Vauvenargues; mais c'est ce que montrera assez la suite de cette étude. Ne nous écartons pas, pour le moment, de la biographie d'Helvétius.

Sa famille était originaire du Palatinat, où elle avait été persécutée au temps de la Réforme et d'où elle s'était réfugiée en Hollande. Son grand-père, venu fort jeune en France, s'y était fait un nom comme médecin : ce fut lui qui y importa l'usage de l'*ipecacuanha,* qu'il avait appris d'un de ses parents, gouverneur de Batavia; le *médecin hollandais,* comme on l'appelait, avait reçu de Louis XIV des lettres de noblesse et la charge d'inspecteur général des hopitaux. Son père était médecin de la reine : il avait sauvé le roi Louis XV, alors âgé de sept ans, d'une maladie dangereuse au sujet de laquelle il avait été appelé en consultation. C'était un homme très-bienveillant et très-charitable. Sa mère avait les mêmes vertus. Ces vertus qu'à son tour Helvétius pratiqua si bien, il en avait donc puisé le germe et l'exemple dans sa famille.

Comme Voltaire et comme Diderot, Helvétius fit ses études chez les Jésuites, au collége Louis-le-Grand. Il est assez curieux de voir les plus ardents adversaires de l'Eglise au XVIIIe siècle sortir des écoles d'Ignace de Loyola. Elève assez médiocre jusque-là, Helvétius dut ses premiers succès au père Porée, qui avait été le professeur de rhétorique de Voltaire, et pour lequel celui-ci conserva toujours beaucoup de reconnaissance et d'attachement.

Malheureusement il ne se contenta point de briller dans les exercices publics de son collége; il voulut se faire applaudir aussi sur le théâtre. Très-habile danseur, il se montra, dit-on, une fois ou deux, dans les ballets de l'Opéra, sous le masque du fameux Dupré. Ce trait, que je ne garantis pas, n'a rien d'étonnant : il s'accorde assez bien avec la légèreté de mœurs qui caractérise l'époque de Louis XV. Un des panégyristes d'Helvétius résume ainsi ses mérites, après avoir raconté sa vie : « Il avait été bon danseur, habile à l'escrime, tireur adroit, financier éclairé, bon poëte, grand philosophe, dès qu'il avait voulu l'être. » Bon danseur, ce n'est pas un mince éloge pour ce panégyriste ; mais plût à Dieu qu'Helvétius eût été aussi grand philosophe que bon danseur !

Sa jeunesse fut très-mondaine et très-dissipée. Comme Duclos, il se livra à un libertinage qui émoussa en lui, pour le reste de sa vie, la délicatesse du sentiment à l'égard des femmes. Cette influence ne se fera que trop sentir dans ses écrits.

A l'âge de vingt-trois ans, il obtint, grâce à la protection de la reine, qui aimait beaucoup son père et sa mère, une place de fermier-général. Vous savez qu'avant la Révolution il était d'usage en France de confier le soin de percevoir les impôts à des financiers qui payaient à l'Etat une somme beaucoup moins considérable que celle qu'ils extorquaient au peuple. Ces financiers qui prenaient à bail la ferme des impôts, étaient désignés sous le nom de fermiers-généraux. Helvétius ne pouvait manquer d'acquérir une grande fortune dans cet emploi ; mais hâtons-nous d'ajouter, comme le fait Grimm dans les pages de la *Correspondance littéraire* qu'il consacre à sa mémoire, qu'il en fit toujours l'usage le plus noble. Ici se révèlent la bonté et la noblesse de ses sentiments ; si nous pouvons lui reprocher à certains égards de manquer de délicatesse, ce n'est pas du moins du côté de la bienfaisance. « Il donnait beaucoup et continuellement, dit Grimm, et de la manière la plus simple et la plus libérale. »

Il aimait particulièrement à obliger les gens de lettres pauvres. Il fit à Marivaux une pension de deux mille livres, et il y joignit un procédé qui, comme l'a remarqué judicieusement M. Damiron, dans ses *Mémoires pour servir à l'histoire de la philosophie au*

XVIIIᵉ *siècle* (t. I, p. 362), serait de bon goût s'il n'était encore plus d'une belle âme. Comme Marivaux, quoique excellent homme, était d'une humeur assez difficile et surtout prompt à s'aigrir dans la dispute, Helvétius, lui-même assez vif, se fit une loi de le ménager plus que tout autre, dès qu'il l'eut pour obligé : « Ah! comme je lui aurais répondu, disait-il un jour, si je ne lui avais pas l'obligation d'avoir bien voulu accepter de moi une pension qu'il eût refusée de tout autre. » — Il fit aussi une pension de mille écus à Saurin, afin qu'il pût cultiver tranquillement les lettres ; et quand celui-ci voulut se marier, il l'obligea d'accepter les fonds de la pension qu'il lui faisait. Parmi les littérateurs qui eurent part à ses bienfaits, on cite encore l'abbé Sabatier, personnage peu estimable, il est vrai, mais dont Helvétius ne pouvait connaître à cette époque la bassesse et la vénalité [1]. Il eut la main plus heureuse en venant en aide à Thomas, au futur auteur des Éloges de Descartes et de Marc-Aurèle, qui lui en témoigna sa reconnaissance en des vers aussi honorables pour l'obligé que pour le bienfaiteur, et qui lui-même, à son tour, quoique pauvre, imita les exemples de celui-ci, en ouvrant sa bourse à des écrivains encore plus malheureux que lui.

Ce qui ne montre pas moins que ses bienfaits la générosité et la noblesse de son âme, c'est la manière même dont Helvétius exerçait ses fonctions de fermier général dans un temps où l'orgueil et la dureté envers le peuple étaient l'apanage ordinaire des finan-

1. Après avoir écrit au XVIIIᵉ siècle pour et contre les philosophes, et avoir trafiqué de sa plume en Angleterre et en Allemagne à l'époque de la Révolution, l'abbé Sabatier obtint des Bourbons en 1814 une pension qui ne l'empêcha pas de dénigrer ses protecteurs.

ciers et des grands seigneurs, et où, grâce à l'omnipotence et à ce que Malesherbes appelait si justement la *clandestinité* de l'administration, tant de vexations et d'iniquités se commettaient impunément. Ce n'était pas un fermier général ordinaire. Dans ses tournées, il refusait de recevoir l'argent qui provenait de ces confiscations dont on faisait alors un si effroyable abus, et il lui arriva même souvent de dédommager ceux qu'avaient ruinés les vexations des employés subalternes. La ferme ne pouvait approuver une telle conduite; aussi Helvétius dut-il souvent en faire lui-même les frais.

Pendant que nous en sommes sur le chapitre de la bienfaisance et de la générosité d'Helvétius, je veux rapporter tout de suite d'autres traits, qui ne lui font pas moins d'honneur.

Ayant donné sa démission de fermier général (j'en indiquerai tout-à-l'heure le motif, mais vous avez déjà pu comprendre par ce que je viens de dire qu'il n'était guère fait pour un emploi de ce genre), et ayant acheté la terre du Voré en Bourgogne, il ne manqua pas de porter dans l'administration de son domaine cette bienfaisance et cette générosité qu'il avait montrées comme fermier général. A peine était-il arrivé dans sa terre qu'un gentilhomme, nommé de Vasseconcelles, se présente à lui et lui déclare que l'état de ses affaires ne lui a pas permis depuis plusieurs années de payer ce qu'il devait au Seigneur du Voré, qu'il n'est pas dans ce moment en état de donner le tout, mais qu'il s'engage pour l'avenir à payer exactement l'année courante et les arrérages d'une année. Il ajoute que, si l'on exige de lui davantage et si l'on continue les procédures, on le ruinera sans ressource, et il prie le nouveau Seigneur du Voré de donner ordre à ses gens d'affaires de cesser leurs poursuites. Que fait Helvétius ? « Je sais, lui répond-il, que vous êtes un galant homme et que vous n'êtes pas riche ? Vous me paierez à l'avenir comme vous le pourrez, et je vais vous remettre un papier qui empêchera mes gens d'affaires de vous inquiéter. » Ce papier était une quittance générale. M. de Vasseconcelles se jette aux genoux de son bienfaiteur en s'écriant : « Ah ! Monsieur, vous sauvez la vie à ma femme et à mes cinq enfants. » Helvétius le relève, lui parle avec un tendre intérêt et lui fait accepter une pension de mille livres pour élever ses enfants. Que dites-vous, messieurs, et vous, mesdames, de cette conduite ? Ne mérite-t-elle pas qu'on applique à Helvétius le mot de Jésus-Christ au sujet de la Madeleine : « Il lui sera beaucoup pardonné, parce qu'il a beaucoup aimé ? » Ne rachète-t-elle pas bien des fautes ?

Le gentilhomme dont je viens de parler ne fut pas le seul qu'obligea Helvétius. Sa conduite à l'égard de ses fermiers et des pauvres n'était pas moins humaine et moins généreuse. Quand l'année n'avait pas été bonne, il accordait des remises à ses fermiers et souvent même leur donnait de l'argent. Sa charité envers les pauvres croissait alors en raison de leurs besoins. Et elle s'exerçait, la charité de ce philosophe, conformément à ce beau précepte de l'Evangile, que la main gauche doit ignorer ce que donne la main droite. Il disait à son valet de chambre, témoin ou intermédiaire de ses actes de bienfaisance : « Chevalier, je vous défends de parler de ce que vous voyez, même après ma mort. » Il lui arrivait quelquefois, comme il était inévitable, d'étendre ses bienfaits sur de mauvais sujets ; à ceux qui leur en faisaient des reproches, il répondait : « Si j'étais roi, je les corrigerais ; mais je ne suis que riche et ils sont pauvres, je dois les soulager. » — Un jour il est informé qu'un jésuite, qui s'était fort mal conduit à son égard, se trouvait dans un village voisin, réduit à la plus extrême misère. Il va trouver un des amis de ce malheureux, et lui remet cinquante louis en lui disant : « Portez-les à votre ami ; mais ne lui dites pas qu'ils viennent de moi ; il m'a offensé, et il serait humilié de recevoir mes secours. »

Comme il était passionné pour la chasse et qu'il était entouré de braconniers, il fit faire des défenses sévères ; mais son humanité désarmait vite sa rigueur. Un paysan étant venu chasser jusque sous les fenêtres de son château, Helvétius, irrité de cette audace, ordonne qu'on l'arrête et qu'on l'amène devant lui. Dans un premier moment de colère, il court au chasseur, que deux gardes traînaient dans la cour du château ; mais bientôt la vue de ce pauvre diable fait tomber sa fureur : après l'avoir regardé un instant, « mon ami, lui dit-il, vous avez de grands torts envers moi ; si vous avez besoin de gibier, pourquoi ne m'en avoir pas demandé ? Je vous en aurais donné. » Et il le fit remettre en liberté. — Une autre fois, ses gardes ayant arrêté un paysan qui chassait sur ses terres, lui avaient confisqué son fusil et l'avaient retenu en prison jusqu'à ce qu'il eût payé l'amende. Informé de cette aventure, Helvétius va trouver ce paysan, mais en secret, de peur d'essuyer les reproches de sa femme, à qui il avait promis d'user de rigueur envers les braconniers ; et, après lui avoir fait promettre de garder le silence, lui paye le prix de son fusil, et lui rend celui de l'amende et des frais. L'histoire ajoute, — ce qui prouve que le cœur de Mme Helvétius était à la hauteur de celui de son mari, — que dans le même temps cette dame, se reprochant d'être la cause de la ruine du pauvre homme, se rendait chez lui de son côté, et, lui recommandant aussi le secret, lui remboursait le prix du fusil confisqué, l'amende et les frais du procès. Ainsi le paysan fut dédommagé des deux côtés, sans que l'un des époux soupçonnât la conduite de l'autre.

Je viens de parler de Mme Helvétius ; c'est une figure qui mérite de nous arrêter. Mlle de Ligniville — c'était son nom de famille — appartenait à une noble famille de Lorraine, mais elle était fort pauvre. Helvétius l'avait connue chez Mme de Graffigny (l'auteur des *Lettres péruviennes*), dont elle était la nièce. Après l'avoir observée pendant un an, ayant trouvé en elle, outre les charmes de sa personne et les agréments de son esprit, une grande élévation de sentiments avec beaucoup de bonté et de simplicité, il la demanda en mariage et l'obtint. Elle fit le bonheur de sa vie. Ce bonheur, il le goûta vivement, et l'on put justement lui prêter ces paroles de Bolingbrocke à Swift : « Je n'ai plus que pour une femme l'amour que j'avais autrefois pour tout son sexe. » En faisant le bonheur de son mari, elle donna aussi un vif attrait à sa maison : les amis des lettres et de la philosophie étaient toujours sûrs d'y trouver le plus aimable accueil. Un jour qu'elle ramenait chez elle dans sa voiture un noble étranger qui était venu la visiter, le prince, en entrant dans le vestibule, s'écria : « Ah ! mon Dieu, que de claques ! » — le claque était le chapeau des roturiers. — « Prince, lui répondit Mme Helvétius, cela vous promet bonne compagnie. » Elle se sentait plus fière d'attirer chez elle ces claques de philosophes[1] que les chapeaux à plumes des grands seigneurs, et elle donnait finement à son hôte la leçon qu'il méritait. Son mot au Premier Consul Bonaparte, la visitant dans cette maison d'Auteuil où elle s'était retirée après la mort de son mari et qui était devenue un des lieux de réunion les plus recherchés des philosophes, ce mot ne la peint pas moins bien que le trait précédent : « Vous ne savez pas, dit-elle à ce jeune et orgueilleux despote, combien on peut trouver de bonheur dans trois arpents de terre ! » Mais quel plus grand éloge peut-on faire de Mme Helvétius qu'en disant que, devenue veuve, elle fut recherchée en mariage par deux des hommes qui ont fait le plus d'honneur à l'humanité, non-seulement au XVIIIe siècle, mais dans tous les temps, Turgot et Franklin, et que, s'étant promis de rester fidèle à la mémoire de son mari, elle les refusa tous deux ! La *Correspondance* de Grimm contient à ce sujet, à la date de janvier 1780, une très-piquante lettre de Franklin. Je ne puis résister au plaisir de vous la lire, malgré quelques fautes de français bien pardonnables chez l'écrivain américain.

« Chagriné de votre résolution prononcée si positivement hier soir, de rester seule, pendant la vie, en l'honneur de votre cher mari, je me retirai chez moi. Tombé sur mon lit, je me crus mort, et je me trouvai dans les Champs-Élysées. On m'a demandé si j'avais envie de voir quelques personnages particuliers? — Menez-moi chez les philosophes. — Il y en a deux qui demeurent ici près de ce jardin, ils sont très-bons voisins et très-amis l'un de l'autre. — Qui sont-ils ? — Socrate et Helvétius. — Je les estime prodigieusement tous les deux ; mais faites-moi voir premièrement Helvétius, parce que j'entends un peu de français et pas un mot de grec. — Il m'a reçu avec beaucoup de courtoisie, m'ayant connu, disait-il, de caractère, il y a quelque temps. Il m'a demandé mille choses sur la guerre et sur l'état présent de la religion, de la liberté et du gouvernement en France. Vous ne me demandez donc rien de votre chère amie madame Helvétius ? et cependant elle vous aime excessivement ; il n'y a qu'une heure que j'étais chez elle. — Ah ! dit-il, vous me faites souvenir de mon ancienne félicité, mais il faut l'oublier pour être heureux ici. Pendant plusieurs années je n'ai pensé que d'elle, enfin je suis consolé. J'ai pris une autre femme, la plus semblable à elle que je pouvais trouver ; elle n'est pas, c'est vrai, tout-à-fait si belle, mais elle a autant de bon sens et d'esprit, et elle m'aime infiniment ; son étude continuelle est de me plaire. Elle est sortie actuellement pour chercher du meilleur nectar et ambroisie pour me régaler ce soir ; restez chez moi et vous la verrez. — J'aperçois, disais-je, que votre ancienne amie est plus fidèle que vous, car plusieurs bons partis lui ont été offerts qu'elle a refusés tous. Je vous confesse que je l'ai aimée, moi, à la folie, mais elle était dure à mon égard, et m'a rejeté absolument pour l'honneur de vous. — Je vous plains, dit-il, de votre malheur, car c'est une bonne femme et bien aimable... Mais l'abbé de La Roche et l'abbé M... ne sont-ils pas encore quelquefois chez elle ? — Oui, assurément, car elle n'a pas perdu un seul de vos amis. — Si vous aviez gagné l'abbé M... avec du café à la crème pour parler pour vous, peut-être vous auriez réussi, car il est raisonneur subtil comme Saint-Thomas, et il met ses arguments en si bon ordre qu'ils deviennent presque irrésistibles ; ou si l'abbé de La Roche avait été gagné par quelque belle édition d'un vieux classique à parler contre vous, cela aurait été mieux, car j'ai toujours observé que quand il conseille quelque chose, elle a un penchant très-fort à faire le revers. — A ces mots entrait la nouvelle madame Helvétius ; à l'instant je l'ai reconnue d'être madame de Franklin, mon ancienne amie américaine. Je l'ai réclamée, mais elle me disait froidement : « J'ai été votre bonne femme quarante-neuf années et quatre mois, presque un demi-siècle ; soyez content de cela. J'ai formé ici une nouvelle connexion qui durera à l'éternité. » — Mécontent de ce refus de mon Eurydice, j'ai pris tout de suite la résolution de quitter ces ombres ingrates, et de revenir ici en ce bon monde revoir le soleil et vous. Me voici. Vengeons-nous. »

Mme Helvétius repoussa la vengeance que lui offrait Franklin. Revenons à son mari.

Helvétius, nous l'avons vu, avait mené, avant son mariage, une vie très-dissipée et même très-libertine; mais s'il avait passé sa jeunesse dans les plaisirs, il n'y avait point perdu le goût des lettres, et il était entré de bonne heure en relations avec les écrivains les plus éminents de son temps. Je veux vous les indiquer pour vous montrer combien il était admirablement, si je puis parler ainsi, apparenté de ce côté.

C'était d'abord Montesquieu, que son esprit fascina. « Je ne sais, disait ce grand écrivain, si Helvétius connaît sa supériorité; mais je sens que c'est un homme au-dessus des autres. » Les écrits d'Helvétius ne devaient pas justifier cet éloge. On connaît le jugement singulier qu'Helvétius, consulté par Montesquieu au sujet de l'*Esprit des lois*, porta sur cet ouvrage : il déclara que ce livre était peu digne de l'auteur et qu'il le ferait paraître comme un homme de robe [1] ; ce jugement qui, s'il eût été écouté, aurait privé l'humanité d'un des ouvrages qui l'ont le plus honorée et servie, prouve à lui seul combien l'esprit d'Helvétius était au-dessous de celui de Montesquieu.

C'était Voltaire auquel, comme Vauvenargues, il soumit ses premiers essais, entre autres un poëme sur *le Bonheur*, et qui, tout en le flattant beaucoup, lui donnait de très-sages avis. « Continuez, lui écrivait-il, de remplir votre âme de toutes les connaissances, de tous les arts, de toutes les vertus... Quoi! pour être fermier général, on n'aurait pas la liberté de penser! Atticus était fermier général... Continuez, Atticus. »

C'était Buffon, qui ne pensait pas mieux que lui

---

[1]. *Histoire des idées morales et politiques en France au* xviiie *siècle*, t. I, p. 117.

sur l'article de l'amour, mais qui pensait et écrivait si grandement sur la nature.

Les trois grands hommes que je viens de nommer vivaient retirés, le premier dans son château de la Brède, le second à Cirey, chez Mme du Châtelet, le troisième dans sa terre de Montbard. Helvétius profitait des voyages auxquels l'obligeait sa charge pour les visiter dans leur retraite.

A Paris, il recherchait Fontenelle, l'un des écrivains qui forment la transition entre le XVIIe et le XVIIIe siècle; Diderot et d'Alembert, ces deux génies qui allaient bientôt s'associer pour fonder l'*Encyclopédie* (1751); le baron d'Holbach, comme lui bienfaisant et généreux, et comme lui poussant la philosophie dans le matérialisme le plus absolu, mais ce qui le distingue de lui, sans aucune vanité littéraire; Saint-Lambert; poëte, philosophe un peu à sa manière (nous l'étudierons après lui), etc. Il était l'un des hôtes les plus assidus de ces salons à la fois mondains et littéraires qui eurent au XVIIIe siècle une si grande influence sur la propagation des idées philosophiques et en général sur le développement de la sociabilité, comme ceux de Mme de Tencin, de Mme Geoffrin et de Mme du Deffand.

Au milieu de ces sociétés, Helvétius, qui était fort amoureux du succès, se mit aussi à rêver la gloire. Après s'être appliqué quelque temps à la poésie sous les auspices de Voltaire, et aux mathématiques, à l'imitation de Maupertuis, que la géométrie avait mis si fort à la mode, il se tourna décidément vers la philosophie, espérant qu'elle le conduirait, suivant son expression, à la grande célébrité. Le succès de *l'Esprit des lois* (1749), qu'il n'avait pourtant pas prévu, le frappa vivement; il songea, lui aussi, à construire son monument. Ce fut dans cette pensée qu'il prit la résolution de se retirer dans sa terre du Voré, et qu'il résigna (1750) sa place de fermier-général, place incompatible avec les travaux qu'il méditait, et à laquelle d'ailleurs, nous l'avons vu, les qualités de son cœur ne le rendaient guère propre. Pour complaire à son père, il avait acheté une de ces charges de cour qui étaient alors fort recherchées et se vendaient fort cher, parce que, sans exiger aucun service réel, elles ouvraient les portes de cet Olympe où habitaient les dieux de la terre; mais Helvétius n'était pas plus fait pour la cour que pour la finance. Ce fut aussi dans le même temps que, comme l'Alcippe de Boileau, « bornant enfin le cours de ses galanteries, » il épousa Mlle de Ligniville, qui fit, je l'ai déjà dit, le bonheur de sa vie et le charme de sa maison.

Sauf quelques mois d'hiver qu'il passait à Paris, Helvétius vivait dans sa retraite du Voré, « partageant, dit Grimm, tout son temps entre l'étude, la chasse et la société de sa femme; » quelques amis rompaient d'ailleurs parfois le tête-à-tête de cette société. Ce fut là qu'il composa le livre de l'*Esprit*, qui fit tant de bruit en son temps, mais qui n'est plus guère lu aujourd'hui que des curieux. L'auteur y consacra dix années de sa vie.

Il est vrai qu'il n'y travaillait que le matin, et qu'il n'avait pas le travail facile : « Il suait, dit Morellet, pour faire un chapitre de son ouvrage, et il y en a tel morceau qu'il a recomposé vingt fois; c'était comme une pièce de fer mise et remise incessamment à la forge. Il n'y a pas eu un homme de lettres auquel l'art de la composition coutât plus de temps et d'efforts. »

Il n'avait pas d'ailleurs plus d'originalité ou de spontanéité dans l'esprit que de facilité pour écrire : « Son procédé ordinaire, » dit très-bien M. Damiron (p. 373), résumant ainsi les témoignages d'hommes qui avaient vécu dans l'intimité d'Helvétius, « son procédé ordinaire était de jeter sur le tapis les idées qui l'occupaient ou les difficultés qui l'arrêtaient ; il engageait ainsi la discussion ; mais, comme il ne savait ni l'animer, ni la diriger, il laissait dire plus qu'il ne disait, il écoutait plus qu'il ne parlait, et profitait, sans trop s'y mêler, de la conversation qu'il avait provoquée ; ou bien il s'isolait, prenait tel ou tel de ses amis dans l'embrasure d'une fenêtre, et tâchait d'en tirer quelque argument en faveur de ses opinions. » C'est ce qu'il appelait aller à la chasse aux idées.

Ce manque d'originalité réelle, joint à cet amour de la célébrité dont j'ai déjà parlé, explique le caractère de son livre : il supplée à l'originalité qui lui manque par la hardiesse du paradoxe, et il arrive ainsi à la célébrité qu'il ambitionne. Mais on se tromperait si l'on pensait que ce fût chez lui calcul, parti pris ; il était de très-bonne foi. Je crois que Grimm l'a bien jugé en disant dans sa *Correspondance* : « Le pauvre Helvétius, bien étonné de se voir traiter d'empoisonneur, n'avait cherché qu'à s'écarter des routes battues ; le désir de présenter sous un point de vue nouveau des objets sur lesquels tant d'esprits supérieurs et médiocres s'étaient arrêtés, fut tout son crime. Il tomba dans des paradoxes qui ne donnèrent pas aux vrais philosophes une idée merveilleuse de la justesse et de la profondeur de son esprit, mais dont ils étaient encore plus éloignés de faire un reproche à son cœur. Il ne manqua à Helvétius que le génie, ce démon qui tourmente ; on ne peut écrire pour l'immortalité quand on n'en est pas possédé. On peut faire du bruit, obtenir des succès passagers, mais on n'est pas inscrit dans la liste de ces enfants privilégiés que la nature a désignés à leur entrée dans le monde. » Helvétius prenait pour *ce démon qui tourmente* la soif de célébrité qui le dévorait, et il se croyait un de ces *enfants privilégiés* que la nature a marqués pour la gloire. Il espérait, comme le dit encore Grimm, s'élever une colonne à côté de celle de Montesquieu. C'est évidemment le titre de ce monument : L'*Esprit des lois*, qui lui suggéra celui de son ouvrage : *De l'esprit*, bien que, comme le remarquait Voltaire, ce dernier titre fût assez louche.

Le grand succès qu'obtint le livre *De l'esprit*, publié en 1758, était d'ailleurs bien propre à entretenir les illusions de l'auteur : il eut plus de cinquante éditions, tant en France qu'à l'étranger. Il fut traduit en italien, en anglais, en allemand, et attira à Helvétius toutes sortes d'hommages dans presque toute l'Europe, même à la cour de Rome ; bien que l'ouvrage eût été condamné par l'Inquisition, des cardinaux écrivirent à l'auteur pour le féliciter et blâmer la sévérité de ses juges.

Comment expliquer ce succès, que ne justifie guère le mérite philosophique ou littéraire de l'ouvrage ? Une hardiesse inouïe de paradoxe se produisant au milieu d'un siècle avide de nouveautés, une licence de pensée propre à exciter des goûts blasés, la libre critique d'institutions surannées et vermoulues, mais toujours subsistantes, des détails amusants, des anecdotes piquantes, en voilà déjà assez pour expliquer un si prodigieux succès. On connaît ce mot d'une dame d'esprit, Mme du Deffand, que l'auteur, en expliquant nos jugements et nos actions par l'intérêt personnel, avait dit le secret de tout le monde ; il avait dit au moins celui de bien des gens, et nul doute qu'il ne dût aussi son succès à cette circonstance. Mais toutes ces parts faites, il en reste une, meilleure, qu'on ne saurait nier : celle qui revient à l'esprit d'humanité qui respirait dans ce livre en dépit de la doctrine. L'ouvrage se recommandait bien aussi par là, et ce fut par là qu'il séduisit des hommes tels que Beccaria. Je ne fais qu'indiquer ici ce point sur lequel j'aurai à revenir dans la prochaine leçon.

Enfin il est encore une circonstance qui contribua beaucoup au succès du livre : ce furent les persécutions mêmes dont il fut l'objet.

J'ai déjà dit que Rome le condamna; la Sorbonne le censura; l'archevêque de Paris, Christophe de Beaumont, le même qui attaqua plus tard si vivement l'*Emile* de Rousseau, lança contre lui un mandement ; et le Parlement, sur le réquisitoire de l'avocat général Omer Joly de Fleury, condamna le livre à être brûlé par la main du bourreau. Tout en déclarant qu'il usait d'indulgence envers l'auteur, il rendit un arrêt annonçant qu'il poursuivrait et condamnerait, suivant toute la rigueur des ordonnances, quiconque oserait désormais composer, approuver, imprimer aucuns livres, écrits et brochures contre la religion, l'Etat et les bonnes mœurs.

Si le Parlement usait d'indulgence envers l'auteur, c'est que celui-ci avait eu la faiblesse de signer une rétractation pour adoucir la rigueur de l'arrêt suspendu sur sa tête.

Cette rétractation qu'on avait promis à Helvétius de tenir secrète, fut bientôt rendue publique, et elle ne fit pas honneur au caractère de l'auteur. Elle est fort triste en effet : elle montre que dans Helvétius le courage n'était pas à la hauteur de la générosité. Un de ses biographes cherche à le justifier en disant qu'il ne put soutenir l'idée qu'il allait causer la disgrâce, peut-être même la perte du censeur royal qui avait examiné son livre, et que ce fut pour le sauver qu'il signa ce qu'on voulut. Mais il est impossible de faire passer pour un trait d'abnégation et de dévoûment ce qui ne fut en réalité qu'un acte de faiblesse. Helvétius se voyait menacé de la prison ou au moins de l'exil; et, quoique quelques-uns de ses amis lui donnassent des conseils de constance, « les larmes de sa mère et sa propre faiblesse, dit Collé dans son *Journal historique*, lui firent prendre un parti que blâmèrent tous les gens qui pensent : il fit amende honorable, en quelque sorte, la torche au poing. »

Collé ajoute à ce récit cette réflexion qui n'aurait pas dû échapper à l'esprit d'Helvétius : c'est que « plus un livre est hardi et paraît ferme, plus il semble affecter d'indépendance philosophique et d'amour pour ce qu'il croit la vérité, plus une conduite faible et de femmelette couvre de ridicule. »

Seulement le ridicule ne fut pas aussi grand pour Helvétius que semble l'indiquer Collé; comme le remarque M. Damiron (*Mémoires*, etc., t. I, p. 378), « on était assez accommodant au XVIIIe siècle sur ces sortes de capitulation de conscience, et on accordait volontiers aux mots ce qu'on était bien décidé à refuser en fait. Les plus fermes, les plus fougueux en passaient par là. » A qui la faute, s'il en était ainsi? On songea donc beaucoup moins, non sans raison, à jeter la pierre à Helvétius, malgré sa faiblesse, qu'à ceux qui persécutaient en lui la liberté de la pensée : la persécution fit oublier la pusillanimité de l'auteur, et redoubla le succès du livre.

Cette vogue se soutint pendant plusieurs années. Aussi, lorsqu'en 1764, c'est-à-dire six ans après la publication et la condamnation de son livre, Helvétius fit un voyage en Angleterre, se vit-il accueilli du roi, des hommes politiques et des savants avec une distinction et un empressement qui témoignaient de la considération qu'on avait pour lui. L'année suivante, s'étant rendu à Berlin sur les instances de Frédéric, ce prince, qui d'ailleurs ne faisait pas grand cas du livre *de l'Esprit*, ne vit en l'auteur que le libre penseur persécuté en France, et il l'accueillit comme un hôte.

Helvétius ne crut pas devoir s'en tenir à ce livre. Au milieu de l'orage qui avait éclaté sur sa tête, il s'était promis à lui-même de ne plus écrire : « J'aimerais mieux mourir, disait-il un jour à Diderot, que d'écrire encore une ligne. » Mais c'était là une promesse qu'il ne devait pas tenir, comme le prévoyait trop bien Diderot en lui racontant l'apologue suivant : « J'étais un jour à une fenêtre; j'entends un grand bruit sur les tuiles, qui n'en sont pas éloignées. Un moment après, deux chats tombent dans la rue. L'un reste mort sur la place; l'autre, le ventre blessé, les pattes froissées, et le museau ensanglanté, se traîne au pied d'un escalier, et là il se disait : Je veux mourir si je remonte jamais sur les tuiles : que vais-je chercher là ? Une jeune souris qui ne vaut pas le morceau friand que je puis ou recevoir sans péril des mains de ma maîtresse, ou voler à son cuisinier? Une chatte qui me viendra chercher sous la remise si je sais ou l'y attendre ou l'y appeler ? Mais tandis qu'il se livrait à ces réflexions assez sages, la douleur de sa chute se dissipe, il se tâte, il se lève, il met deux pieds sur le premier degré de l'escalier ; et voilà mon chat sur le même toit dont il était tombé et où il ne devait regrimper de sa vie. » Et voilà comment Helvétius fit un nouvel ouvrage, *L'homme*, après avoir juré que le livre *de l'Esprit* serait le dernier ; mais il faut ajouter que, ne voulant pas s'exposer à une nouvelle disgrâce, il le destina à n'être publié qu'après sa mort. Ce second ouvrage, d'ailleurs inférieur au premier, ne parut en effet qu'après lui.

Cependant un changement s'était manifesté dans son humeur, toujours jusque-là si sereine, dans son goût pour la chasse et dans son amour de la conversation. On attribua ce changement à la profonde tristesse qu'inspirait à Helvétius l'état politique de la France, où la disette sévissait par surcroît ; nous avons vu Duclos miné par cette même tristesse. Elle fait grand honneur à l'un et à l'autre : si l'on peut reprocher à ces philosophes une vie trop épicurienne et des principes de morale trop relâchés, ils ne se montraient pas du moins indifférents aux maux dont un détestable régime accablait leur patrie. Cette tristesse contribua peut-être à abréger les jours d'Helvétius ; elle assombrit en tout cas la fin de sa vie. Sa santé, autrefois si robuste, était profondément altérée : chaque jour il perdait ses forces ; une attaque de goutte qui se porta à la tête et à la poitrine, lui ôta d'abord la connaissance, puis la vie. Il mourut le 26 décembre 1771 (un an avant Duclos), vivement regretté, non-seulement de sa femme et de ses deux filles, qui l'aimaient tendrement, mais de tous ceux qui l'avaient connu. Tel fut Helvétius. Grimm, dans la notice que j'ai plusieurs fois citée et où il en fait un portrait qui n'est pas flatté, dit que si le terme de galant homme n'eût pas existé dans la langue française, il aurait fallu l'inventer pour lui. Cela est juste, mais ce n'est pas assez dire. Il fut plus qu'un galant homme : il eut la passion de la bienfaisance, et pour lui l'humanité ne fut pas seulement une affaire d'esprit, mais de cœur.

SEPTIÈME LEÇON

HELVÉTIUS

(SUITE ET FIN)

SES IDÉES MORALES ET POLITIQUES

Je voudrais aujourd'hui vous faire connaître l'espèce de philosophie morale contenue dans le livre *de l'Esprit* ou dans celui *de l'Homme;* et, après vous avoir signalé ce qu'elle a de faux et de révoltant, — tâche facile, tant le faux est palpable et le révoltant se montre à nu, mais tâche souvent remplie, — je voudrais en relever aussi les côtés généreux, ceux qui pouvaient séduire de nobles esprits tels que Beccaria, ce bienfaiteur de l'humanité, — tâche plus neuve, mais plus difficile, à cause du mélange du bon et du mauvais. Enfin je dois vous montrer que cette doctrine morale, qu'on a si souvent représentée comme la véritable expression de la philosophie du xviiie siècle, a trouvé, au contraire, des contradicteurs parmi les plus grands esprits de ce temps, et réfuter ainsi une erreur historique trop complaisamment répétée. Telle est la triple tâche que je me propose de remplir dans cette leçon.

I

Il suffit d'ouvrir le livre *de l'Esprit* et d'en lire les premières lignes pour savoir tout de suite à quoi s'en tenir sur le système qui sert de base à la philosophie morale d'Helvétius. On y voit qu'aux yeux de l'auteur l'homme ne se distingue de l'animal que par une certaine organisation extérieure. « Si, dit en effet Helvétius, dès le début de son premier discours (*de l'Esprit en lui-même*), si la nature, au lieu de mains et de doigts flexibles, eût terminé nos poignets par un pied de cheval, qui doute que les hommes sans arts, sans habitations, sans défense contre les animaux, tout occupés du soin de pourvoir à leur nourriture et d'éviter les bêtes féroces, ne fussent encore errants dans les forêts comme des troupeaux fugitifs. »

Il y a dans cette phrase si souvent citée une sorte de non-sens : elle revient à dire que si la nature avait fait de l'homme un cheval, il ne serait pas un homme. En effet, si la nature avait terminé nos poignets par un pied de cheval, en vertu de la loi de la corrélation et de la subordination des organes, elle nous aurait donné aussi les organes qui correspondent à celui-là, c'est-à-dire qu'elle aurait fait de nous des chevaux. Supposer qu'elle ait donné à l'homme, au lieu de mains, des sabots de cheval en lui laissant le reste de son organisation, c'est supposer une monstruosité, une impossibilité.

Mais laissons de côté le non-sens. Ce qui résulte clairement des premières lignes de l'ouvrage d'Helvétius, c'est que l'esprit, qui est l'objet de cet ouvrage, ou, en d'autres termes, l'homme moral est tout entier le résultat de l'organisation physique. Selon lui, en effet, le moral en nous dépend entièrement et absolument du physique.

Il n'est pas besoin de demander ce que devient dans ce système la *liberté morale* ; il est évident qu'elle ne peut plus être pour lui qu'un vain mot. C'est aussi ce que déclare Helvétius dans le chapitre IV du même livre, en traitant de l'abus des mots. Il regarde avec raison l'abus des mots comme une cause d'erreur, mais il se trompe lui-même étrangement en croyant que l'idée de la liberté de la volonté vient de cette source. Il est vrai qu'il ne peut lui en reconnaître d'autre.

Je veux vous lire ce passage où Helvétius expose son opinion sur ce point, parce qu'en nous faisant connaître cette opinion, il nous révèle aussi les raisons qui faisaient illusion à l'auteur.

« L'homme libre est l'homme qui n'est ni chargé de fers, ni détenu dans les prisons, ni intimidé, comme l'esclave, par la crainte des châtiments; en ce sens, la liberté de l'homme consiste dans l'exercice libre de sa puissance : je dis de sa puissance, parce qu'il serait ridicule de prendre pour une *non-liberté* l'impuissance où nous sommes de percer la nue comme l'aigle, de vivre sous les eaux comme la baleine, et de nous faire roi, pape ou empereur.

On a donc une idée nette de ce mot de *liberté*, pris dans une signification commune. Il n'en est pas ainsi lorsqu'on applique ce mot de liberté à la volonté. Que serait-ce alors que la liberté? On ne pourrait entendre par ce mot que le pouvoir libre de vouloir ou de ne pas vouloir une chose; mais ce pouvoir supposerait qu'il peut y avoir des volontés sans motifs, et par conséquent des effets sans cause. Il faudrait donc que nous pussions également nous vouloir du bien et du mal; supposition également impossible. En effet, si le désir du plaisir est le principe de toutes nos actions, si tous les hommes tendent continuellement vers leur bonheur réel ou apparent, toutes nos volontés ne sont donc que l'effet de cette tendance. En ce sens, on ne peut donc attacher aucune idée nette à ce mot de *liberté*. Mais, dira-t-on, si l'on est nécessité à poursuivre le bonheur partout où on l'aperçoit, du moins sommes-nous libres sur le choix des moyens que nous employons pour nous rendre heureux. Oui, répondrai-je; mais *libre* n'est alors qu'un synonyme d'éclairé, et l'on ne fait que confondre ces deux notions.

Selon qu'un homme saura plus ou moins de procédure et de jurisprudence, qu'il sera conduit dans ses affaires par un avocat plus ou moins habile, il prendra un parti meilleur ou moins bon ; mais, quelque parti qu'il prenne, le désir de son bonheur le forcera toujours de choisir le parti qui lui paraîtra le plus convenable à ses intérêts, à ses goûts, à ses passions, et enfin à ce qu'il regarde comme son bonheur.

Comment pourrait-on philosophiquement expliquer le problème de la liberté? Si, comme Locke l'a prouvé, nous sommes disciples des amis, des parents, des lectures, et enfin de tous les objets qui nous environnent, il faut que toutes nos pensées et nos volontés soient des effets immédiats, ou des suites nécessaires des impressions que nous avons reçues.

On ne peut donc se former aucune idée de ce mot de *liberté* : appliquée à la volonté, il faut la considérer comme un mystère, s'écrier avec saint Paul : *O altitudo*, convenir que la théologie seule peut discourir dans une pareille matière, et qu'un traité philosophique de la liberté ne serait qu'un traité des effets sans cause. »

Vous le voyez, c'est bien la thèse du fatalisme que soutient ici Helvétius, et l'argumentation par laquelle il prétend la démontrer repose sur le même malentendu que nous avons déjà rencontré dans Vauvenargues : une volonté libre serait un effet sans cause; mais, de plus, chez Helvétius cette doctrine est la conséquence nécessaire du système exclusivement matérialiste par lequel il explique l'homme.

Il résulte aussi du passage que je viens de vous lire, ce qui est une autre conséquence du même système, que, pour Helvétius, *le désir du plaisir est le principe de toutes nos actions*.

Ceci indique déjà la réponse que fait Helvétius à la question du principe fondamental de la morale; mais cette question, il l'a directement et longuement traitée dans son deuxième discours (*de l'esprit par rapport à la société*). Cherchons-y le développement de sa pensée sur ce point.

Il entreprend de prouver, dans ce second livre, que l'intérêt est toujours en fait, comme il l'est d'ailleurs en principe, *l'unique juge de la probité,* et il cherche à expliquer par là tous les jugements que nous portons sur les actions de nos semblables, comme aussi sur leur esprit, car il fait marcher parallèlement ces deux choses.

Si l'on considère d'abord la probité *relativement à chaque particulier*, chacun de nous n'appelle *probité dans autrui que l'habitude des actions qui lui sont utiles*.

Constatons ici une première confusion et un premier embarras dans la doctrine et dans le langage d'Helvétius, confusion et embarras qui témoignent à la fois du défaut de logique de son esprit et des protestations de sa conscience contre le principe de son système. La proposition que je viens de rapporter était énoncée comme une règle générale ; mais voici que l'auteur excepte de cette règle un petit nombre d'hommes, qu'il veut mentionner *pour l'honneur de l'humanité*, et restreint ainsi sa proposition à la classe, sans doute la plus nombreuse, mais qui n'embrasse pourtant pas tout le genre humain, de ces hommes qui, *uniquement attentifs à leurs intérêts, n'ont jamais porté leurs regards sur l'intérêt général*, et qui *concentrés, pour ainsi dire, dans leur bien-être, ne donnent le nom d'honnêtes qu'aux actions qui leur sont personnellement utiles*. Il y a donc d'autres hommes, si peu nombreux qu'ils soient, qui ont une autre règle de jugement et de conduite que leur utilité personnelle. Mais alors l'intérêt personnel n'est donc plus l'unique guide de nos jugements sur la probité d'autrui, et le principe unique de nos actes ! Helvétius ne va pourtant pas jusqu'à accorder ce point, qui ruinerait son système. Selon lui, en montrant pour la justice et la vertu le même amour que les hommes ont communément pour les grandeurs et les richesses, ces hommes vertueux qu'il distingue du commun des hommes ne font toujours qu'obéir à leur intérêt personnel, qui consiste pour eux à suivre leur heureux naturel ou à agir conformément au vif désir de la gloire et de l'estime qui les anime ; seulement « les actions personnellement utiles à ces hommes vertueux sont les actions justes, conformes à l'intérêt général, ou qui du moins ne lui sont pas contraires. » Mais s'il en est ainsi, je ne vois pas qu'il soit nécessaire de mentionner ces hommes pour l'honneur de l'humanité, puisqu'ils ne font, en définitive, qu'obéir à la même règle que le reste des hommes, et qu'il n'y a point, sous ce rapport entre eux et les autres de différence essentielle. L'intérêt personnel n'est-il pas, pour les uns comme pour les autres, l'unique mobile des actions humaines ? Et n'est-ce pas toujours là qu'en revient Helvétius ? Ecoutez la fin du chapitre :

« Quel homme, en effet, s'il sacrifie l'orgueil de se dire plus vertueux que les autres à l'orgueil d'être plus vrai, et s'il sonde avec une attention scrupuleuse tous les replis de son âme, ne s'apercevra pas que c'est uniquement à la manière différente dont l'intérêt personnel se modifie que l'on doit ses vices et ses vertus ? que tous les hommes sont mûs par la même force ? que tous tendent également à leur bonheur ? que c'est la diversité des passions et des goûts, dont les uns sont conformes et les autres contraires à l'intérêt public, qui décide de nos vertus et de nos vices ? Sans mépriser le vicieux, il faut le plaindre, se féliciter d'un naturel heureux, remercier le ciel de ne nous avoir donné aucun de ces goûts et de ces passions, qui nous eussent forcés de chercher notre bonheur dans l'infortune d'autrui. Car enfin on obéit toujours à son intérêt ; et de là l'injustice de tous nos jugements, et ces noms de juste et d'injuste prodigués à la même action, relativement à l'avantage ou au désavantage que chacun en reçoit.

« Si l'univers physique est soumis aux lois du mouvement, l'univers moral ne l'est pas moins à celles de l'intérêt. L'intérêt est, sur la terre, le puissant enchanteur qui change aux yeux de toutes les créatures la forme de tous les objets. Ce mouton paisible qui pâture dans nos plaines, n'est-il pas un objet d'épouvante et d'horreur pour ces insectes imperceptibles qui vivent dans l'épaisseur de la pampe des herbes. Fuyons, disent-ils, cet animal vorace et cruel, ce monstre dont la gueule engloutit à la fois, et nous et nos abris. Que ne prend-il exemple sur le lion et le tigre ? Ces animaux bienfaisants ne détruisent point nos habitations ; ils ne se repaissent point de notre sang ; justes vengeurs du crime, ils punissent sur le mouton les cruautés que le mouton exerce sur nous. C'est ainsi que des intérêts différents métamorphosent les objets : le lion est à nos yeux l'animal cruel ; aux yeux de l'insecte, c'est le mouton. Aussi peut-on appliquer à l'univers moral ce que Leibnitz disait de l'univers physique : que ce monde toujours en mouvement offrait à chaque instant un phénomène nouveau et différent à chacun de ses habitants.

« Ce principe est si conforme à l'expérience que, sans entrer dans un plus long examen, je me crois en droit de conclure que l'intérêt personnel est l'unique et universel appréciateur du mérite des actions des hommes, et qu'ainsi la probité, par rapport à un particulier, n'est, conformément à ma définition, que l'habitude des actions personnellement utiles à ce particulier. »

Si maintenant, au lieu de considérer la probité par rapport à un particulier, on la considère par rapport à une société particulière, on verra que, sous ce point de vue, *la probité n'est que l'habitude plus ou moins grande des actions particulièrement utiles à cette petite société.*

« Ce n'est pas que certaines sociétés vertueuses ne paraissent souvent se dépouiller de leur propre intérêt pour porter sur les actions des hommes des jugements conformes à l'intérêt public ; mais elles ne font alors que satisfaire la passion qu'un orgueil éclairé leur donne pour la vertu, et par conséquent qu'obéir, comme toute autre société, à la loi de l'intérêt personnel. Quel autre motif pourrait déterminer un homme à des actions généreuses ? Il est aussi impossible d'aimer le bien pour le bien que le mal pour le mal. »

Voilà qui est net ; mais continuez de lire, et vous verrez ici, comme tout-à-l'heure, Helvétius restreindre, sinon contredire, sa première proposition.

« Ce que j'ai dit prouve suffisamment que, devant le tribunal d'une petite société, l'intérêt est le seul juge du mérite des actions des hommes ; aussi n'ajouterais-je rien à ce que je viens de dire, si je ne m'étais proposé l'utilité publique pour but principal de cet ouvrage. Or je sens qu'un homme honnête, effrayé de l'ascendant que doit avoir sur lui l'opinion des sociétés dans lesquelles il vit, peut craindre avec raison d'être à son tour détourné de la vertu. »

Helvétius cherche donc le moyen d'éviter ce danger, et il pose cette règle : « En fait de probité, c'est uniquement l'intérêt public qu'il faut consulter et croire, et non les hommes qui nous environnent. L'intérêt personnel leur fait trop souvent illusion. » Mais devant cette nouvelle règle, que devient la première ? Helvétius a commencé par poser en principe que *l'intérêt personnel est l'unique et universel appréciateur du mérite des actions des hommes*, et voici maintenant qu'il fait de *l'intérêt public, le principe de toutes les vertus humaines et le fondement de toutes les législations* (chap. VI), déclarant que le moyen d'échapper aux séductions des sociétés particulières et de conserver intacte une vertu toujours inébranlable au choc de mille intérêts particuliers et différents, c'est de prendre, dans toutes ses démarches, conseil de l'intérêt public. Helvétius répondrait peut-être qu'il n'y a point ici de contradiction dans sa pensée, parce que pour lui l'intérêt personnel, éclairé, se confond avec l'intérêt public; il échapperait sans doute ainsi au reproche de contradiction, mais il resterait à prouver l'identité absolue de l'intérêt personnel et de l'intérêt public, ou, comment, par exemple, en sacrifiant ma tranquillité, ma liberté, ma fortune, ma vie, au bien public, c'est dans mon intérêt personnel que j'agis ainsi.

Mais laissons de côté cette difficulté; l'utilité publique est-elle à son tour une règle suffisante pour l'appréciation et la direction des affaires humaines? Voyez, par l'exemple même d'Helvétius, où cette règle peut conduire ceux qui n'en reconnaissent pas d'autre. Voici en effet ce qu'il ne craint pas d'écrire : « L'humanité publique est quelquefois impitoyable envers les particuliers. Lorsqu'un vaisseau est surpris par de longs calmes, et que la famine a, d'une voix impétueuse, commandé de tirer au sort la victime infortunée qui doit servir de pâture à ses compagnons, on l'égorge sans remords; le vaisseau est l'emblème de chaque nation : *tout devient légitime et même vertueux pour le salut public.* »

Jean-Jacques Rousseau, dans des notes sur le livre *de l'Esprit* dont je vous parlerai tout-à-l'heure, en passant en revue les contradicteurs d'Helvétius, écrivit en regard de cette phrase, qui le révoltait justement : « Le salut public n'est rien, si tous les particuliers ne sont en sûreté. » Il avait d'avance stigmatisé la pensée exprimée ici par Helvétius en écrivant, dans son article *Économie politique* (publié dans l'*Ency-*

clopédie en 1755), ces lignes admirables : « Qu'on nous dise qu'il est bon qu'un seul périsse pour tous, j'admirerai cette sentence dans la bouche d'un digne et vertueux patriote qui se consacre volontairement et par devoir à la mort pour le salut de son pays ; mais si l'on entend qu'il soit permis au gouvernement de sacrifier un innocent au salut de la multitude, je tiens cette maxime pour une des plus exécrables que jamais la tyrannie ait inventées, la plus fausse qu'on puisse avancer, la plus dangereuse qu'on puisse admettre, et la plus directement opposée aux lois fondamentales de la société [1]. »

Il n'est donc pas vrai en principe que *l'utilité publique* soit, comme le soutient Helvétius (chap. XI, *de la probité par rapport au public*), la seule règle de la probité et l'unique guide de la vertu ; et il n'est pas vrai non plus en fait, comme il le soutient également, « que le public, comme les sociétés particulières, soit dans ses jugements uniquement déterminé par le motif de son intérêt, qu'il ne donne le nom d'honnêtes, de grandes ou d'héroïques qu'aux actions qui lui sont utiles, et qu'il ne proportionne point son estime, pour telle action, sur le degré de force, de courage ou de générosité nécessaire pour l'exécuter, mais sur l'importance même de cette action et sur l'avantage qu'il en retire. » Cela est faux. Il me suffira d'un exemple pour le montrer, et je prendrai l'un de ceux que nous fournit Helvétius pour le retourner contre lui. Je ne sais si, comme il l'affirme, c'est une galante Circassienne qui, pour assurer sa beauté ou celle de ses filles, osa la première les inoculer. Mais supposons le fait vrai : cette Circassienne a rendu un

---

1. V *Histoire des idées morales et politiques en France au* XVIIIe *siècle*, t. II, p. 231, 232.

immense service à l'humanité ; l'humanité admirera-t-elle sa conduite ? Donc l'utilité n'est pas la mesure de notre admiration. Je suppose, au contraire, une personne qui souffre la persécution et la mort pour rester fidèle à sa foi, cette foi nous parût-elle sans fondement et sans utilité, est-ce que, sans partager les idées de cette héroïque personne, nous n'admirerons point son dévouement ? Donc encore une fois ce n'est pas sur l'utilité des actes que nous mesurons notre admiration.

Une autre remarque à faire au sujet de cette manière d'entendre la morale et la vertu, c'est qu'elle exclut toute vertu individuelle, et que les vertus de ce genre, comme par exemple la chasteté, doivent être regardées comme purement imaginaires. Aussi Helvétius les range-t-il parmi ce qu'il appelle les *vertus de préjugé*, qu'il veut que l'on distingue soigneusement des vraies vertus (chap. xiv). Sans doute il y a des vertus de préjugé qu'un philosophe a raison de repousser au nom de la vraie morale ; mais, sous ce titre de vertus de préjugé, Helvétius confond de fausses vertus, comme les rigueurs qu'un ascétisme farouche fait exercer sur soi-même, et des vertus réelles, comme la *pudicité*. Il va si loin sur ce sujet, tout en disant qu'il ne prétend point se faire l'apologiste de la débauche, que je ne pourrais ni le lire ici, ni même l'analyser. C'est ainsi encore que, dans le chapitre suivant (xv), il va jusqu'à faire l'apologie des femmes galantes. Sur ce point, et dans beaucoup d'autres endroits, le livre *de l'Esprit,* comme aussi celui *de l'Homme*, se ressent beaucoup trop des goûts de libertinage que l'auteur avait contractés dans sa jeunesse. Il expose à ce sujet les idées les plus bizarres et les plus monstrueuses. Ç'a été là sans doute une des causes du succès de son livre, mais c'en est aussi un des côtés les plus blâmables, en même temps qu'un de ceux qui nous éclairent le mieux sur la portée de ses principes. Ce n'est pas seulement, d'ailleurs, au point de vue de la morale privée, mais c'est aussi au point de vue de la morale publique que les idées d'Helvétius sur ce qu'on nomme proprement les mœurs sont fausses et condamnables. Ainsi le libertinage n'est pas moins contraire au respect que nous devons aux autres qu'à celui que nous nous devons à nous-mêmes. Il est vrai qu'Helvétius ne croit pas cette espèce de corruption incompatible avec le bonheur d'une nation; mais il faut avouer qu'il a une singulière façon d'entendre le bonheur des peuples et l'intérêt général.

Il est encore une conséquence curieuse à signaler dans la doctrine d'Helvétius : c'est la confusion de la morale avec la politique et la législation. C'est déjà une suite de son principe fondamental qu'on ne peut rendre les hommes vertueux qu'en unissant l'intérêt personnel à l'intérêt général, c'est-à-dire, en détruisant la vertu dans son essence. De cette conséquence, il déduit cette autre, que la morale n'est qu'une science frivole si on ne la confond avec la politique et la législation. Platon et les philosophes qui se rattachent de près ou de loin à son école jusqu'à Mably, identifiaient la politique avec la morale : c'était une erreur, noble sans doute dans son principe, mais funeste dans ses effets, car elle aboutit au plus intolérable despotisme, à un despotisme qui étend sur la vie privée la tyrannie et l'inquisition. Helvétius, de son côté, identifie la morale avec la politique; c'est une autre erreur, plus grossière que la première dans son principe et plus funeste encore dans ses effets, car elle tend à anéantir la morale même en la faisant dépendre de la législation, comme si celle-ci faisait la vertu ou le crime, suivant ses caprices ou ses intérêts. Il dit expressément : « On doit regarder les actions comme indifférentes par elles-mêmes; c'est au besoin de l'Etat à déterminer celles qui sont dignes d'estime ou de mépris. » Aussi a-t-il une excellente recette pour faire disparaître les vices de la société : c'est de supprimer les lois auxquelles ils sont contraires. Voulez-vous, par exemple, supprimer l'adultère : « Qu'on supprime la loi qui le défend, en rendant les femmes communes; que tous les enfants soient déclarés enfants de l'État (chap. XIV). » Il avait déjà indiqué précédemment ce genre de communisme (chap. V) comme un moyen de faire disparaître ces sollicitations et ces intrigues par où les pères cherchent à pousser leurs fils aux emplois et contre lesquelles il est impossible qu'un souverain soit toujours en garde. « De pareilles sollicitations, disait-il, qui ont trop souvent plongé les nations dans les plus grands malheurs, sont des sources intarissables de calamités; calamités auxquelles, peut-être, on ne peut soustraire les peuples qu'en brisant entre les hommes tous les liens de la parenté et en déclarant tous les citoyens enfants de l'État. C'est l'unique moyen d'étouffer des vices qu'autorise une apparence de vertu, d'empêcher la subdivision du peuple en une infinité de familles ou de petites sociétés, dont les intérêts, toujours opposés à l'intérêt public, éteindraient à la fin dans les âmes toute espèce d'amour pour la patrie. »

Je ne m'arrêterai pas à discuter ces observations; il suffit de les exposer. Mais nous ne sommes pas encore au bout des erreurs d'Helvétius. Celle qui consiste à confondre la morale dans la politique se rattache elle-même à une autre qui dérive de son système général sur l'homme : c'est de croire que la législation et l'éducation peuvent tout. Selon Helvétius, qui développe dans le livre *de l'Homme* le thème indiqué dans celui *de l'Esprit*, tous les hommes communément bien organisés ont une égale aptitude à l'esprit, ils sont susceptibles du même degré de passion, et le caractère original de chaque homme n'est que le produit de ses premières habitudes ; d'où il suit que l'éducation et la législation sont toutes puissantes, et que, bien dirigées, elles rétabliraient l'égalité naturelle et assureraient le bonheur général.

Je ne m'arrêterai pas non plus à relever ce qu'il y a de faux dans ce système, et par suite dans la conclusion qu'en tire Helvétius : cela saute aux yeux. Je suis bien loin de nier la puissance de l'éducation et des lois sur les hommes et de contester le bien qu'on en pourrait tirer ; mais l'erreur est de croire qu'elles puissent tout, comme si chaque être humain n'était qu'une pâte molle qu'on pût façonner à sa guise, et comme si chacun n'apportait pas en naissant des dispositions et des aptitudes particulières. Helvétius avançait ici un paradoxe insoutenable, mais il y avait au fond de ce paradoxe une idée qui plaisait beaucoup au XVIIIe siècle : celle du parti à tirer de l'éducation pour la réforme de la société. Et ici j'arrive à ces côtés généreux par où le livre d'Helvétius a séduit beaucoup de nobles esprits. Il peut, à la vérité, paraître singulier qu'il y ait à relever des côtés de ce genre dans une doctrine qui offre des énormités aussi révoltantes que celles que je viens de passer en revue ; mais ils existent pourtant, et il faut aussi les signaler, si l'on ne veut être injuste et se mettre dans l'impossibilité d'expliquer la bonne influence que le livre *de l'Esprit* a pu avoir sur des hommes tels que Beccaria. L'auteur du *Traité des délits et des peines* (c'est un fait que j'ai déjà eu occasion de citer ailleurs [1], mais qu'il est bon de rappeler ici), après avoir déclaré, dans sa correspondance, qu'il doit tout aux livres français, que ce sont eux qui ont développé dans son âme les sentiments d'humanité étouffés par huit années d'éducation fanatique, cite parmi les écrivains dont la lecture lui était le plus familière d'Alembert, Diderot, Hume, Helvétius.

II

Voyons donc quels sont dans le livre d'Helvétius les côtés qui ont pu séduire des esprits comme Beccaria.

C'est d'abord une préoccupation du bien public et du bonheur de l'humanité qui est sans doute bien mal dirigée, mais qui corrige ou au moins tempère, dans la doctrine d'Helvétius, le principe de l'intérêt personnel par un principe supérieur et la pousse à d'heureuses inconséquences.

C'est encore cet appel, alors si opportun, à l'opinion touchant la nécessité de réformer les lois et l'éducation sur le principe de l'utilité publique. « C'est à l'uniformité des vues du législateur, dit justement Helvétius, à la dépendance des lois entr'elles que tient leur excellence. Mais pour établir cette dépendance, il faudrait pouvoir les rapporter toutes à un principe simple, tel que celui de l'utilité du public,

---

1. V. *Histoire des idées morales et politiques en France au* XVIIIe *siècle*, t. Ier, note de la page 15.

c'est-à-dire du plus grand nombre d'hommes soumis à la même forme de gouvernement, principe dont personne ne connaît toute l'étendue ni la fécondité, principe qui renferme toute la morale (ici reparaît l'exagération que j'ai signalée plus haut, mais ce n'est pas sur ce point que je veux insister ici) et la législation (à la bonne heure, pourvu qu'on y comprenne les lois mêmes de la morale), que beaucoup de gens répètent sans l'entendre (Helvétius lui-même l'entend-il toujours bien ?), et dont les législateurs même n'ont encore qu'une idée superficielle, du moins si l'on en juge par les malheurs de presque tous les peuples de la terre. »

Ce sont enfin les attaques incessamment dirigées contre le despotisme politique et le fanatisme religieux.

Les traits que lance Helvétius, en apparence, contre les princes d'Orient, mais en réalité contre ceux de l'Europe, sont souvent très vifs et rappellent heureusement ceux de son ami Montesquieu, entre autres celui-ci : « L'entrée du despotisme est facile. Le peuple prévoit rarement les maux que lui prépare une tyrannie affermie. S'il l'aperçoit enfin, c'est au moment qu'accablé sous le joug, enchaîné de toutes parts et dans l'impuissance de se défendre, il n'attend plus qu'en tremblant le supplice auquel on veut le condamner. » Je voudrais pouvoir mettre sous vos yeux tout le tableau des principaux effets du despotisme ; mais ce tableau, qui remplit plusieurs chapitres (XVIII-XXI) du discours III du livre *de l'Esprit*, est trop long pour trouver place ici. Je me borne à vous renvoyer à l'ouvrage même.

Il faut savoir gré à Helvétius d'avoir attaqué si vivement le despotisme. Malheureusement le rempart que lui oppose sa doctrine est bien insuffisant, ou plutôt il en est le plus solide fondement. L'auteur du livre *de l'Esprit* n'a pas vu qu'il travaillait à étayer ou à reconstruire d'une main ce qu'il cherchait à renverser de l'autre.

Ses attaques contre le fanatisme religieux ne sont pas moins vives ; il prit par là sa part dans cette grande croisade que le xviiie siècle avait entreprise contre ce fléau du genre humain. Mais ici encore, il ne vit pas qu'en sapant, comme il le faisait, les fondements mêmes de toute morale, en niant la liberté morale dans l'homme, en ramenant la loi morale au principe de l'intérêt personnel, en prêchant ou en favorisant le relâchement des mœurs, il travaillait à consolider ce qu'il attaquait : mieux vaut encore, devaient dire bien des gens après l'avoir lu, mieux vaut une religion intolérante qu'une philosophie immorale.

Enfin il revendique la liberté de la presse dans un temps où elle n'était guère admise en pratique ni même reconnue en principe. Il a raison de dire, dans sa préface du livre *de l'Esprit*, que « les erreurs mêmes cessent d'être dangereuses lorsqu'il est permis de les contredire, » et dans son livre *de l'Homme* (sect. IV, chap. XVI) que « gêner la presse, c'est insulter une nation, que lui défendre la lecture de certains livres, c'est la déclarer esclave ou imbécile. » Seulement il ne comprit pas que c'est mal servir la cause de la liberté que de donner le spectacle de la licence, et qu'il compromettait lui-même la cause qu'il défendait en écrivant des livres tels que ceux *de l'Esprit* et *de l'Homme*.

III

Il me reste maintenant à montrer que la doctrine d'Helvétius, dans ce qu'elle avait de mauvais et de dangereux, a trouvé des contradicteurs parmi les écrivains et les meilleurs esprits du XVIIIe siècle, et que par conséquent elle n'était point la vraie philosophie de ce siècle. Sans doute, cette doctrine a ses racines dans l'étroite psychologie qui dominait alors (Locke et Condillac), et à bien des égards elle reflète les idées et les mœurs auxquelles la Régence avait lâché la bride en rejetant le manteau d'hypocrisie dont s'était couvert le règne de Louis XIV ; mais il s'en fau qu'elle représente toute la philosophie du XVIIIe siècle. Ce n'était point là la doctrine de Montesquieu, quoiqu'il fût l'ami d'Helvétius, ni celle de Voltaire, ni encore moins celle de Jean-Jacques Rousseau, ni même celle de Diderot. Ceux d'entre vous qui ont les doctrines de ces philosophes présentes à l'esprit savent combien elles diffèrent de celle d'Helvétius. Il y a plus : ces philosophes et d'autres encore, comme Turgot, se firent les contradicteurs d'Helvétius. Si leurs réfutations ne furent pas toujours rendues publiques, s'ils ne répudièrent pas toujours ouvertement la doctrine du livre *de l'Esprit*, cela tient précisément à la persécution dont ce livre fut l'objet. Tel est, en effet, nous l'avons pu constater de notre temps, tel est le résultat de la persécution exercée contre les livres : en même temps qu'elle en accroît ou en fait le succès, elle empêche les esprits généreux de les combattre et de les réfuter. On ménagea donc Helvétius, et Rousseau, comme vous allez le voir, se conduisit à son égard avec beaucoup de délicatesse ; mais enfin on repoussait et on réfutait sa doctrine. C'est là un beau chapitre de l'histoire philosophique du XVIIIe siècle ; il serait souverainement injuste de le négliger. Parcourons-le rapidement. Commençons par Voltaire.

On connaît son opinion sur le libre arbitre, nié par Helvétius. Cette opinion, qu'il avait soutenue contre le prince royal de Prusse [1], il l'avait exprimée, dans le même temps, à Helvétius lui-même, vingt ans avant la publication du livre de *l'Esprit*.

« Je vous avouerai, lui écrivait-il le 11 septembre 1738, qu'après avoir erré bien longtemps dans ce labyrinthe, après avoir cassé mille fois mon fil, j'en suis revenu à dire que le bien de la société exige que l'homme se croie libre. Nous nous conduisons tous suivant ce principe, et il me paraît un peu étrange d'admettre dans la pratique ce que nous rejetterions dans la spéculation. Je commence, mon cher ami, à faire plus de cas du bonheur de la vie que d'une vérité ; et, si malheureusement le fatalisme était vrai, je ne voudrais pas d'une vérité si cruelle. Pourquoi l'être souverain qui m'a donné un entendement qui ne peut se comprendre, ne m'aurait-il pas donné aussi un peu de liberté ? Nous nous sentons libres. Dieu nous aurait-il trompés tous ? Voilà des arguments de bonne femme. Je suis revenu au sentiment, après m'être égaré dans le raisonnement. »

Sur cet article du libre arbitre, comme sur celui de l'existence de Dieu, qu'il défendait dans la même lettre contre Helvétius, Voltaire n'a jamais varié ; et quand parut le livre de *l'Esprit* (1758), ses idées à cet égard étaient les mêmes ; mais ce livre était persécuté ; aussi écrivait-il à l'auteur :

<blockquote>
Vos vers semblent écrits par la main d'Apollon ;
Vous n'en aurez pour fruit que ma reconnaissance.
Votre livre est dicté par la saine raison ;
Partez vite et quittez la France.
</blockquote>

1. *Histoire des idées morales et politiques en France au XVIIIe siècle*, t. Ier, p. 249 et suiv.

Il ajoute pourtant qu'il aurait bien quelques petits reproches à lui faire : « Le plus sensible, et qu'on vous a déjà fait sans doute, c'est d'avoir mis l'amitié parmi les plus vilaines passions (Helvétius l'avait rangée à côté de l'avarice et de l'orgueil) ; elle n'est pas faite pour une si mauvaise compagnie. »

Voltaire n'en dit pas ici davantage ; mais quand il écrit à d'autres qu'à l'auteur persécuté, au sujet de son livre, tout en s'indignant contre la persécution qui a frappé cet ouvrage, et en le jugeant avec trop d'indulgence, il marque mieux son dissentiment. C'est ainsi qu'il écrit à Thierriot, le 18 octobre 1758 :

« Je ne suis pas de son avis en bien des choses, il s'en faut beaucoup ; et s'il m'avait consulté, je lui aurais conseillé de faire son livre autrement ; mais, tel qu'il est, il y a beaucoup de bon, et je n'y vois rien de dangereux. On dira peut-être que j'ai les yeux gâtés. »

Il les fermait du moins sur beaucoup de points ; mais il savait aussi les ouvrir sur beaucoup d'autres.

Quelques mois plus tard, le 7 février 1759, du château de Tournay (près de Genève), que Voltaire habita quelque temps avant de se fixer aux *Délices*, il écrit au même Thierriot, à propos de je ne sais quel discours académique où l'on avait attaqué le livre *de l'Esprit*, cette lettre qu'il faut citer parce qu'elle exprime à la fois le jugement de Voltaire sur cette œuvre et l'indignation que lui causait la persécution dont elle était l'objet.

« Mon cher ami, on peut, dans une séance académique, reprocher à l'auteur du livre intitulé *de l'Esprit*, que l'ouvrage ne répond point au titre ; que des chapitres sur *le despotisme* sont étrangers au sujet ; qu'on prouve avec emphase quelquefois des vérités rebattues, et que ce qui est neuf n'est pas toujours vrai ; que c'est outrager l'humanité de mettre sur la même ligne *l'orgueil, l'ambition, l'avarice* et *l'amitié;* qu'il y a beaucoup de citations fausses, trop de contes puérils, un mélange de style poétique et boursoufflé avec le langage de la philosophie, peu d'ordre, beaucoup de confusion, une affectation révoltante de louer de mauvais ouvrages, un air de décision plus révoltant encore, etc., etc. On devrait aussi, dans la même séance, avouer que le livre est plein de morceaux excellents.

Mais on ne peut voir sans indignation qu'on persécute, avec cet acharnement continu, un livre que cette persécution seule peut rendre dangereux, en faisant rechercher au lecteur le venin caché qu'on y suppose. On dit que cette vexation odieuse est le fruit de l'intrigue des jésuites, qui ont voulu aller par Helvétius à Diderot. J'estime beaucoup ces deux hommes, et les indignités qu'ils éprouvent me les rendent infiniment chers. »

C'est ce sentiment qui domine dans les lettres de Voltaire à l'auteur. On peut même dire qu'il le ménage et le flatte trop, pensant de son livre ce que nous venons de voir qu'il en pensait; mais, encore une fois, Helvétius était persécuté. C'était d'ailleurs un allié, compromettant sans doute, mais qui pouvait être utile. J'ajoute que, sur certains points, qu'on peut bien réprouver sans être pour cela ce qu'Helvétius appelle un *moraliste hypocrite*, il se montre de trop facile composition en lui reprochant seulement l'imprudence de son langage. C'était là, je ne veux rien dissimuler et je l'ai montré ailleurs [1], l'un des côtés fâcheux de Voltaire. Mais, malgré tout cela, il s'en faut beaucoup, suivant sa propre expression, qu'il approuve le livre *de l'Esprit*. Dans une lettre à Helvétius (du 26 juillet 1760), où il lui reproche d'avoir malheureusement donné prétexte à tous les ennemis de la philosophie, et où

1. *Histoire des idées morales et politiques en France au* XVIIIe *siècle*, t. Ier, p. 249.

il lui conseille de faire de son livre une seconde édition dans laquelle on confondrait les ennemis du bon sens en y corrigeant une trentaine de pages, il lui dit qu'il l'a lu plusieurs fois avec la plus grande attention et qu'il y a fait des notes. Il serait curieux d'avoir ces notes, comme nous avons celles de Jean-Jacques Rousseau ; mais la philosophie même de Voltaire suffirait, indépendamment des témoignages que je viens de rapporter, pour nous fixer ici : on peut dire que, sur presque tous les points, elle est la réfutation de celle d'Helvétius.

Venons maintenant à Jean-Jacques Rousseau.

Lorsque parut le livre *de l'Esprit*, Rousseau s'empressa de le lire, et il écrivit quelques notes aux marges de son exemplaire. Il eut même l'idée d'en faire une réfutation régulière, mais il renonça à ce dessein, dès qu'il sut que l'ouvrage était persécuté. C'est ce qu'il nous apprend lui-même dans une note de ses *Lettres de la Montagne* (1re lettre) :

« Il y a quelques années qu'à la première apparition d'un livre célèbre, je résolus d'en attaquer les principes que je trouvais dangereux. J'exécutais cette entreprise quand j'appris que l'auteur était poursuivi. A l'instant je jetai mes feuilles au feu, jugeant qu'aucun devoir ne pouvait autoriser la bassesse de s'unir à la foule pour accabler un homme d'honneur opprimé. Quand tout fut pacifié, j'eus occasion de dire mon sentiment sur le même sujet dans d'autres écrits (*L'Émile, La nouvelle Héloïse*); mais je l'ai dit sans nommer le livre ni l'auteur. J'ai cru devoir ajouter ce respect pour son malheur à l'estime que j'eus toujours pour sa personne. Je ne crois point que cette façon de penser me soit particulière ; elle est commune à tous les honnêtes gens. Sitôt qu'une affaire est portée au criminel, ils doivent se taire, à moins qu'ils ne soient appelés pour témoigner. »

Quant à l'exemplaire sur lequel Rousseau avait

écrit ses notes, vous allez voir jusqu'où il poussa la délicatesse, et cela dans le temps où il était le plus malheureux. Il faut citer bien haut ce trait qui lui fait le plus grand honneur et qui n'est pas le seul de ce genre dans sa vie. Au moment de quitter l'Angleterre, où il s'était réfugié après les persécutions qu'il avait eu à subir en France, à Genève et en Suisse, voulant se défaire de ses livres, il avait prié M. Davenport, son hôte, de lui trouver un acheteur. « Parmi ces livres, lui écrivait-il (février 1767), il y a le livre de *l'Esprit*, in-4°, première édition, qui est rare et où j'ai fait quelques notes aux marges ; je voudrais bien que ce livre ne tombât qu'entre des mains amies. » Rousseau vendit ses livres à un Français nommé Dutens, mais à la condition que, lui vivant, celui-ci ne publierait point les notes qu'il pourrait trouver sur les ouvrages qu'il achetait, et que l'exemplaire du livre *de l'Esprit* ne sortirait point de ses mains. Dutens, qui donne ces détails, raconte qu'Helvétius ayant appris qu'il possédait cet exemplaire, le lui demanda, et que, sur son refus (qu'il approuva d'ailleurs), il le pria d'en extraire quelques-unes des remarques les plus importantes, qu'il se montra fort alarmé des coups qu'elles portaient à son œuvre, mais que la mort l'enleva quelques jours après. Rousseau étant mort à son tour, Dutens, dégagé de sa promesse, fit de ces notes l'objet d'une brochure publiée à Paris en 1779 sous le titre de *Lettre à M. D. B.* Elles ont été reproduites dans les éditions de Musset-Pathay et de Petitain. Dans ces notes, Rousseau s'attaque surtout à cette idée qui sert de base à la doctrine d'Helvétius, que tout dans l'homme revient à la sensibilité physique. Un petit nombre ont trait à la partie morale du livre. J'en ai rapporté déjà la principale, celle qui répond à cette pensée d'Helvétius, que « tout devient légitime et même vertueux pour le salut public. » Chose curieuse, elle avait été négligée par Dutens (1779), mais les événements survenus depuis en signalèrent l'importance. Je n'en citerai plus qu'une. Helvétius remarquait que l'envie permet à chacun d'être le panégyriste de sa probité, et non de son esprit; Rousseau écrit : « Ce n'est point cela ; mais c'est qu'en premier lieu la probité est indispensable, et non l'esprit, et qu'en second lieu il dépend de nous d'être d'honnêtes gens, et non pas des gens d'esprit. »

Mais ce ne sont là que des remarques détachées. C'est dans les ouvrages mêmes de Rousseau, et particulièrement dans la *Profession de foi du vicaire savoyard*, qu'il faut chercher la réfutation de la doctrine de l'intérêt personnel et en général de tout le système d'Helvétius.

Helvétius expliquait la différence de l'homme et de l'animal par un détail d'organisation physique, c'est-à-dire qu'il assimilait l'homme à l'animal. C'est à cette pensée que répond Rousseau dans ce passage de la *Profession de foi* qui est évidemment à l'adresse d'Helvétius :

« Quoi ! je puis observer, connaître les êtres et leurs rapports ; je puis sentir ce que c'est qu'ordre, beauté, vertu ; je puis contempler l'univers, m'élever à la main qui le gouverne; je puis aimer le bien, le faire, et je me comparerais aux bêtes. Ame abjecte, c'est ta triste philosophie qui te rend semblable à elles ! Ou plutôt tu veux en vain t'avilir ; ton génie dépose contre tes principes, ton cœur bienfaisant dément ta doctrine, et l'abus même de tes facultés prouve leur excellence en dépit de toi. »

Helvétius niait la liberté dans un passage que je vous ai lu; tout le passage de la *Profession de foi* qui a trait à la liberté est la réfutation directe de celui d'Helvétius. On y voit Rousseaure produire, pour y répondre, les raisonnements de cet auteur et jusqu'à ses expressions. De toute cette réfutation, qui n'est pas toujours, il faut le dire, sans réplique, je ne rappellerai que les lignes suivantes [1], comme celles qui expriment avec le plus de force et d'éclat la vérité qu'il sagit de rétablir.

« Nul être matériel n'est actif par lui-même, et moi je le suis. On a beau me disputer cela, je le sens, et ce sentiment qui me parle est plus fort que la raison qui le combat! J'ai un corps sur lequel les autres agissent et qui agit sur eux; cette action réciproque n'est pas douteuse; mais ma volonté est indépendante de mes sens; je consens ou je résiste, je succombe ou je suis vainqueur, et je sens parfaitement en moi-même quand je fais ce que j'ai voulu faire, ou quand je ne fais que céder à mes passions. J'ai toujours la puissance de vouloir, non la force d'exécuter. Quand je me livre aux tentations, j'agis selon l'impulsion des objets externes. Quand je me reproche cette faiblesse, je n'écoute que ma volonté; je suis esclave par mes vices et libre par mes remords; le sentiment de ma liberté ne s'efface en moi que quand je me déprave, et que j'empêche enfin la voix de l'âme de s'élever contre la loi du corps. »

Helvétius prétendait expliquer tous nos jugements et tous nos actes par le principe de l'intérêt personnel; Rousseau lui répond dans cet admirable passage :

« Il est au fond des âmes un principe inné de justice et de vertu, sur lequel nous jugeons nos actions, et celles d'autrui comme bonnes ou mauvaises, et c'est à ce principe que je donne le nom de conscience. Mais à ce mot j'entends

---

1. Je les ai déjà citées dans mes leçons sur Rousseau. V. *Histoire des idées morales et politiques en France au* XVIII° *siècle*, t. II, p. 122.

s'élever de toute part la clameur des prétendus sages : erreurs de l'enfance, préjugés de l'éducation, s'écrient-ils tous de concert. Il n'y a rien dans l'esprit humain que ce qui s'y introduit par l'expérience, et nous ne jugeons d'aucune chose que sur des idées acquises. Ils font plus : cet accord évident et universel de tous les hommes, ils l'osent rejeter; et contre l'éclatante uniformité du jugement des hommes, ils vont chercher dans les ténèbres quelque exemple obscur et connu d'eux seuls, comme si tous les penchants de la nature étaient anéantis par la dépravation d'un seul, et que sitôt qu'il est des monstres, l'espèce ne fût plus rien... Chacun, dira-t-on, concourt au bien public par son intérêt; mais d'où vient donc que le juste y concourt à son préjudice? Qu'est-ce qu'aller à la mort pour son intérêt ? »

On peut dire en général que Rousseau est le plus vigoureux contradicteur d'Helvétius au XVIIIe siècle, en attendant le grand philosophe de Kœnisberg, Kant. C'est que sa philosophie, bien plus encore que celle de Voltaire, est tout juste la contre-partie de celle d'Helvétius. Mais des écrivains dont les idées se rapprochent beaucoup de celles de ce philosophe se sont eux-mêmes élevés contre quelques-unes de ses opinions.

Diderot raconte, dans ses *Lettres à M*^{lle} *Voland*, une chaude discussion qu'il eut avec Helvétius et Saurin sur les motifs de nos actions et le principe de la vertu et où, dit-il, ils s'arrachèrent le blanc des yeux.

Plus tard, après la mort d'Helvétius, quand parut le livre *de l'Homme*, Diderot, qui se trouvait alors à La Haye, attendant un jeune seigneur russe avec lequel il devait faire le voyage de Saint-Pétersbourg, employa une partie de son loisir à écrire des notes sur les idées d'Helvétius. Il y attaque très-vivement quelques-unes de ces idées, celle, par exemple, de la confusion du physique et du moral, celle de l'égalité originelle des esprits, celle du principe de l'intérêt personnel comme servant à expliquer le dévouement et l'héroïsme. C'est de là que j'ai tiré ce joli apologue du chat tombé du toit que je vous ai lu dans la dernière séance.

J'ai nommé aussi d'Alembert parmi les contradicteurs d'Helvétius. Dans ses *Éléments de philosophie*, il combat l'opinion de ce philosophe sur la prétendue égalité des esprits, et dans l'*Éloge de Sacy*, parlant d'un traité de l'amitié de cet académicien, il attaque Helvétius sur ce point.

N'oublions pas non plus le mot de Buffon sur Helvétius, à propos du livre *de l'Esprit* : « Il aurait dû faire un livre de moins, et un bail de plus dans les fermes. »

Enfin je voudrais pouvoir vous lire en entier une lettre adressée par Turgot, alors intendant de la généralité de Limoges, à son ami Condorcet sur le livre d'Helvétius. Vous y verriez aussi avec quelle sévérité, peut-être même un peu outrée, ce grand esprit, qui est bien aussi une expression de la philosophie du XVIIIe siècle, jugeait cet ouvrage, et avec quelle force il en repoussait les erreurs. Je n'en citerai que ces quelques lignes contre le principe de l'intérêt personnel érigé en règle unique de nos actions et de nos jugements :

« Il est faux que les hommes, même les plus corrompus, se conduisent toujours par ce principe. Il est faux que les sentiments moraux n'influent pas sur leurs jugements, sur leurs actions, sur leurs affections. La preuve en est qu'ils ont besoin d'effort pour vaincre leur sentiment, lorsqu'il est en opposition avec leur intérêt; la preuve en est qu'ils ont des remords; la preuve en est que cet intérêt qu'ils poursuivent aux dépens de l'honnêteté est souvent fondé sur un sentiment honnête en lui-même et seulement mal réglé; la preuve en est qu'ils sont touchés des romans et des tragédies, et qu'un roman dont le héros agirait conformément aux principes d'Helvétius leur déplairait beaucoup. »

Arrêtons-nous sur cette protestation d'un homme qui doit être rangé parmi les plus grands du xviii° siècle, et qui s'était nourri de la moëlle de la philosophie de son temps, mais qui en avait exprimé tout autre chose que la morale du plaisir et de l'intérêt personnel.

HUITIÈME LEÇON

SAINT-LAMBERT

SA VIE. — SON CATÉCHISME UNIVERSEL

Saint-Lambert, dont j'ai à vous entretenir aujourd'hui, continue la chaîne particulière dont Helvétius a été au XVIIIe siècle un des principaux anneaux. Dans un *Essai sur la vie et les ouvrages d'Helvétius*, qu'il mit en tête d'un poëme sur *le Bonheur* publié après la mort de ce philosophe, il apprécie ainsi le livre *de l'Esprit* : « Il s'est fait peu d'ouvrages où l'homme soit vu plus en grand et mieux observé dans ses détails. M. Helvétius est le premier qui ait fondé la morale sur la base inébranlable de l'intérêt personnel. » Vous voyez tout de suite par ce jugement qu'en passant d'Helvétius à Saint-Lambert, nous ne changerons pas de doctrine. Seulement, et c'est là ce qui mérite d'attirer l'attention de l'histoire sur Saint-Lambert, ce dernier a entrepris de réduire en catéchisme la doctrine morale du premier, et ce catéchisme a reçu une consécration académique qui n'est pas sans importance. J'ajoute tout de suite que, si la morale de Saint-Lambert nous offre le même vice originel que celle d'Helvétius, elle reflète aussi dans une certaine mesure l'esprit généreux du XVIIIe siècle, et qu'il n'est pas non plus sans intérêt d'y relever ces bons côtés. Comme je n'ai qu'une leçon à consacrer à Saint-Lambert, il faut que je réunisse aujourd'hui la biographie de l'homme et la doctrine du moraliste.

Je les parcourrai l'une et l'autre aussi rapidement que je pourrai le faire sans rien négliger d'important.

I

Né en 1717 à Vézelise en Lorraine, d'une famille noble, mais très-pauvre, le marquis de Saint-Lambert, d'après ce qu'il nous apprend lui-même dans le discours préliminaire de son poëme des *Saisons*, fut élevé à la campagne. Avec le goût des choses champêtres, il y prit celui des poëtes de l'antiquité qui les avaient chantées, Homère, Lucrèce, Virgile, Ovide, et, de bonne heure, s'essaya dans ce genre. « Les couleurs d'un beau soir, dit-il, l'éclat et la fraîcheur du matin, le moment d'une récolte abondante, devinrent le sujet de mes vers. »

Mais si Saint-Lambert fut élevé à la campagne et si les premières impressions de son enfance nous expliquent le choix du poëme qui fit plus tard sa célébrité, la vie très-mondaine qu'il mena ensuite et la société très-légère où il se trouva mêlé n'étaient guère propres à exciter en lui l'accent poétique; en expliquant le licencieux auteur de l'*Épître à Chloé*, elles expliquent aussi l'auteur glacé du poëme des *Saisons*. J'ajoute qu'elles servent également à expliquer en Saint-Lambert certains côtés du moraliste que j'aurai à vous faire connaître.

Comme le marquis de Vauvenargues, le marquis de Saint-Lambert suivit d'abord la carrière des armes : il entra, par la protection du prince de Beauvau, comme officier d'infanterie dans les gardes-Lorraine, au service de ce roi de Pologne détrôné, Stanislas, qui gouvernait alors la Lorraine, en dédommagement de sa royauté perdue, et dont la cour offrait un si singulier mélange de dévotion, de galanterie et de bel esprit.

La marquise de Boufflers faisait les honneurs de cette cour. Le jeune et brillant officier en devint bientôt un des hôtes les plus recherchés, si recherché que le vieux roi Stanislas en conçut quelque dépit. Il se vit aussi fort recherché dans un lieu voisin, à Cirey, par l'amie de Voltaire, Mme du Châtelet, à qui il inspira une très-vive passion.

C'est à cette époque qu'il entra en relations avec Voltaire, lequel habitait alors à Cirey, chez Mme du Châtelet. On voit son nom paraître pour la première fois en 1740 sous la plume de Voltaire :

> Ma muse, les yeux pleins de larmes,
> Saint-Lambert, vole auprès de vous,
> Elle vous prodigue ses charmes,
> Je lis vos vers, j'en suis jaloux.

Bien que Voltaire ait eu depuis un plus juste sujet d'être jaloux de Saint-Lambert, il ne lui en continua pas moins sa faveur; et, neuf ans après lui avoir rendu l'hommage que je viens de citer, en 1749, il le vantait dans ses lettres à d'Argental et à Frédéric II. Il écrit au premier, avec une grande exagération sans doute, mais sans qu'on puisse l'accuser de flatterie, puisque ce n'est pas ici à l'auteur même qu'il s'adresse : « Il fait des vers aussi difficilement que Despréaux; il les fait aussi beaux et à mon avis plus agréables. J'ai là un terrible élève; j'espère que la postérité m'en remerciera. » La postérité n'a point pensé qu'elle dût à cet égard beaucoup de remerciements à Voltaire; il a d'ailleurs assez de titres à sa reconnaissance pour pouvoir se passer aisément de celui-là.

Mais les éloges de Voltaire étaient une puissante recommandation auprès des contemporains. Lorsque Saint-Lambert se rendit à Paris, il y arriva précédé de la réputation que l'illustre poëte avait faite à ses vers. Son nom d'ailleurs, il faut le dire aussi, avait été associé à celui de Mme du Châtelet d'une manière qui devait attirer l'attention sur lui. Ajoutez à cela l'amitié du prince de Beauvau, chez lequel il logeait; ajoutez-y aussi son esprit, son amabilité, et vous comprendrez aisément l'accueil qui dut être fait à Saint-Lambert dans ces sociétés, composées d'hommes de lettres et d'hommes du monde, de philosophes et de grands seigneurs, auxquelles présidaient des femmes telles que Mme Geoffrin, Mme du Deffand, Mme d'Épinay.

La sœur de celle-ci, Mme d'Houdetot, bien qu'elle fût loin d'être belle, captiva le cœur de Saint-Lambert, qui lui demeura attaché tout le reste de sa vie. Cette liaison a été rendue trop célèbre par les *Confessions* de Jean-Jacques Rousseau, et elle peint d'ailleurs trop bien un côté des mœurs de la société aristocratique de cette époque pour que je n'en dise pas quelque chose, sans y insister beaucoup.

Mme d'Houdetot avait été mariée, « presque, dit Mme d'Épinay dans ses *Mémoires*, sans s'en apercevoir, » à un homme qui, en se mariant, aimait une autre personne qu'il ne pouvait épouser, mais dont cette union ne devait pas l'éloigner. C'était là un de ces mariages de convenance comme il s'en faisait tant alors dans ce monde-là. Faut-il s'étonner des désordres qui en résultaient? Mais chez M. et Mme d'Houdetot le désordre devint une sorte d'ordre : M. d'Houdetot resta fidèle toute sa vie à la dame qu'il aimait; et, de son côté, Mme d'Houdetot, s'étant attachée à Saint-

Lambert, lui demeura toujours fidèle. C'est ce qui faisait dire à son mari : « Nous avions tous deux, Mme d'Houdetot et moi, la vocation de la fidélité ; seulement il y avait un malentendu entre nous. »

Ce genre de fidélité n'était pas rare alors, au moins d'un des côtés, sinon des deux, comme ici. Le mariage n'étant qu'une affaire de convenance sociale où le cœur n'entrait pour rien, on ne se regardait pas comme engagé par ce lien à autre chose qu'à une certaine décence extérieure, et l'on transportait à l'amant ou à la maîtresse la fidélité que le devoir aurait voulu que l'on gardât au mari ou à l'époux ; c'est dans ces liaisons illégitimes que se réfugiait l'honnêteté. Mme d'Houdetot ne manqua pas du moins à cette espèce d'honnêteté relative. Rousseau a raconté, en des pages que n'a pu oublier aucun de ceux qui les ont lues, la passion qu'il éprouva pour elle et la conduite que tint à son égard l'amie de Saint-Lambert. Je ne reprendrai pas cet épisode des *Confessions*, mais je veux citer ici le témoignage de Mme d'Épinay, non-seulement parce qu'il confirme celui de Rousseau, mais parce qu'il confirme aussi ce que je viens de dire de l'idée qu'on se faisait alors de l'honnêteté, au moins dans le monde dont il s'agit ici. « On ne peut croire, écrit-elle, une fille jalouse, bête, bavarde et menteuse (la Thérèse de Rousseau), qui accuse une femme que nous connaissons pour étourdie, mais franche, honnête, très-honnête, sincère et bonne au suprême, et on aime mieux penser que Rousseau s'est tourné la tête tout seul, sans être aidé de personne, que de supposer que Mme d'Houdetot s'est réveillée un beau matin coquette et corrompue. » Quant à Saint-Lambert, il se conduisit dans cette circonstance en galant homme et en homme judicieux : « Comme j'étais le seul coupable, dit l'auteur des *Confessions*, je fus aussi le seul puni et même avec indulgence. Il me traita doucement, mais amicalement ; et je vis que j'avais perdu quelque chose dans son estime, mais non dans son amitié. » Il dit encore : « Saint-Lambert continua à m'écrire avec la même amitié et vint même me voir plus d'une fois. »

Cette passion de Rousseau pour Mme d'Houdetot avait éclaté pendant que Saint-Lambert, qui avait vendu sa charge de capitaine des gardes-Lorraine, pour entrer comme colonel au service de France, faisait, sous M. de Soubise, son ami, cette campagne d'Allemagne qui inaugura si malheureusement pour la France la guerre de sept ans et fut signalée par la défaite de Rosbach (1757). Revenu de cette campagne, souffrant et dégoûté du métier, il se retira du service (il avait alors quarante ans), pour se livrer tout entier aux lettres, à son affection pour Mme d'Houdetot et à la société de ses amis.

Ses amis, il les avait particulièrement choisis dans la société philosophique de ce temps. Lié avec Diderot et avec d'autres rédacteurs de l'*Encyclopédie*, il prit aussi sa part à cette grande œuvre, en y publiant divers articles sur des questions d'art militaire et aussi sur des questions d'économie politique et de politique (*Intérêt de l'argent, Luxe, Législation, Gouvernement*).

Il ne négligeait pas cependant la poésie, et ne cessait de remettre sur le métier, conformément au précepte de Boileau, son poëme des *Saisons*, commencé depuis longtemps. Il le publia enfin en 1769.

Je n'ai point à apprécier ici ce poëme comme œuvre littéraire. Voltaire, dans son *Précis du siècle de Louis XV*, le met au rang des ouvrages de génie : « La France, dit-il, serait sans gloire dans ce genre sans un petit nombre d'ouvrages de génie tel que le poëme des *Saisons*. » C'était beaucoup dire. Il est vrai que le patriarche de Ferney, comme on l'appelait déjà à cette époque, y était célébré en des vers qui le vengeaient de bien des outrages et lui apportaient dans sa retraite une douce consolation :

>   Perdu pour ses amis, il vit pour l'univers,
>   Nous pleurons son absence en répétant ses vers;

et l'on sait que Voltaire n'était pas avare d'éloges envers qui le louait, bien qu'il déclare ici que « sa franchise suissesse n'a ni rouge ni mouches. » Si favorablement prévenu qu'il fût en faveur du poëme de Saint-Lambert, il ne disait pas sans doute aussi vrai qu'il le prétendait quand il écrivait à l'auteur que son ouvrage était le seul du siècle qui passerait à la postérité; mais rien n'empêche non plus de supposer qu'il ne l'admirât sincèrement. Saint-Lambert était un peu de son école en poésie, comme il l'écrivait à Frédéric II vingt ans auparavant, et l'on peut dire, sans cesser d'être juste envers Voltaire, que cette école n'est pas précisément celle de la poésie qui convient à un sujet de ce genre. Quoi qu'il en soit, la postérité n'a pas ratifié ici le jugement de Voltaire. Elle applaudirait plutôt à celui de Diderot, qui mérite d'être cité :

« M. de Saint-Lambert est instruit, me direz-vous. — Plus que beaucoup de littérateurs et un peu moins qu'il ne croit l'être. — Il sait sa langue? A merveille. — Il pense? J'en conviens. — Il sent? Assurément. — Il possède le talent des vers? Comme peu d'hommes. — Il a de l'oreille? Mais oui. — Il est harmonieux? Toujours. — Que lui manque-t-il donc pour être un poëte? — Ce qui lui manque? C'est une âme qui se tourmente, un esprit violent, une imagination bouillante, une lyre qui ait plus de cordes; la sienne n'en a pas assez... Le vice irrémédiable de son poëme, c'est le défaut de verve et d'invention. Aussi, après un grand éclat à son apparition, il semble maintenant tomber dans l'oubli. »

Et Diderot termine par ces mots :

« Voilà ce que je pense de l'ouvrage de M. de Saint-Lambert; sera-t-il satisfait de ce jugement? Je ne le crois pas, et pourquoi? C'est qu'entre tous les hommes de lettres, c'est une des peaux les plus sensibles, sans compter que l'auteur en use avec la critique comme nous en usons tous avec la nature : lorsqu'elle nous fait du bien, elle ne fait que son devoir; mais nous ne lui pardonnons jamais le mal. »

Saint-Lambert prouva combien il avait en effet la peau sensible en faisant mettre à la Bastille un critique, Clément, qui avait attaqué son poëme. Il est vrai que ce critique avait cherché à blesser l'homme autant que le poëte; mais il n'était pas convenable à un écrivain qui se piquait de philosophie de recourir, pour venger une injure personnelle, aux lettres de cachet. Rousseau intervint ici fort à propos, et obtint un prompt succès. Mais cette fâcheuse affaire valut à Saint-Lambert, de la part du critique emprisonné, une épigramme qui fit rire à ses dépens :

> Pour avoir dit que tes vers sans génie
> M'assoupissaient par leur monotonie,
> Froid Saint-Lambert, je me vois séquestré.
> Si tu voulais me punir à ton gré,
> Point ne fallait me laisser ton poëme :
> Lui seul me rend mes chagrins moins amers,
> Car de mes maux le remède suprême,
> C'est le sommeil... Je le dois à tes vers.

Cette épigramme traduisait d'une manière piquante ce vice irrémédiable dont parle Diderot. Tenons-nous-en au jugement de ce dernier sur la valeur littéraire du poëme des *Saisons*. Quant à la philosophie morale qu'il contient, nous la retrouverons tout-à-l'heure dans le *Catéchisme* de Saint-Lambert.

Un an après la publication de son poëme, dont la valeur était contestée par beaucoup de critiques, mais qui avait eu à son apparition, comme le constate Diderot, un succès éclatant, Saint-Lambert fut élu membre de l'Académie française (1770).

Je ne parlerai pas des discours qu'il eut à prononcer en cette qualité : ils n'offrent rien de saillant et ne méritent guère d'être tirés des archives de la Compagnie.

Cependant Saint-Lambert avait entrepris un grand ouvrage qui, dans sa pensée, devait renfermer les principes de la morale universelle. Il n'avait point achevé ce travail lorsqu'éclata la Révolution. Il avait alors 72 ans. Retiré dans une campagne voisine de Paris, à Eau-Bonne, il ne fut point inquiété ; mais les terribles événements qu'il vit se dérouler du fond de sa retraite lui causèrent un profond sentiment de tristesse et de découragement. Quoiqu'il eût désiré certaines réformes, il appartenait par sa naissance, ses goûts, ses mœurs et ses idées au parti de l'aristocratie, et il ne put voir sans chagrin tomber la royauté et la noblesse. Les sanglantes violences qui accompagnèrent ou suivirent la chute de ces antiques institutions, et qui firent plus d'une victime parmi ses amis, augmentèrent sa douleur. Cependant, au milieu de ces sinistres orages, comme ce poëte naufragé qui tenait d'une main son manuscrit au-dessus des flots pendant qu'il nageait de l'autre, il n'abandonna pas le grand ouvrage auquel il travaillait depuis un si grand nombre d'années ; et il en publia la première partie au lendemain de la tempête, en 1797. Les autres parurent l'année même où, sous prétexte de sauver la République et d'assurer les bienfaits de la Révolution, un bandit corse foulait aux pieds toutes les libres institutions dont la conquête avait coûté si cher, et restaurait sur leurs ruines le césarisme de Rome et de Byzance.

Je ne sais de quel œil Saint-Lambert vit ce coup d'État; peut-être y applaudit-il aveuglément, comme tant d'autres, non-seulement parmi les ennemis, mais même parmi les amis de la Révolution. Il tomba bientôt, d'ailleurs, dans cet état où l'homme n'est plus que l'ombre de lui-même, et il mourut quatre ans après, en 1803, à l'âge de 86 ans. L'invocation épicurienne qu'il avait adressée à Dieu dans son poëme des *Saisons :*

> Oui, l'arbitre éternel des êtres et du temps,
> Réserve des plaisirs à nos derniers instants,

cette prière ne fut point exaucée : ce ne furent point les plaisirs qui couronnèrent la fin de ses jours.

Je ne m'arrêterai pas longtemps à peindre le caractère de Saint-Lambert, après ce que je viens de raconter de sa vie. Les contemporains ne s'accordent pas parfaitement entre eux à ce sujet. Il résulte de ces témoignages contradictoires qu'il ne plaisait pas à tout le monde, et que son commerce était parfois assez triste, mais qu'il savait au moins être fort aimable pour ceux qui lui plaisaient à lui-même; et peut-être ici encore est-ce Diderot qui a le mieux parlé de Saint-Lambert. Tout en lui reprochant d'avoir pris avec lui un ton de protection plutôt que d'amitié, il dit de lui : « Si l'on peut être un plus grand poëte, on ne peut être un plus honnête homme (Diderot veut dire sans doute un plus galant homme), et il n'est personne qui ne voulût l'avoir pour ami. » Il est vrai que Diderot, comme le remarque Grimm précisément au sujet de Saint-Lambert, avait de l'onction pour dix et qu'il le répandait sur tout ce qui l'approchait.

II

Venons maintenant à l'ouvrage où nous devons chercher la philosophie morale de Saint-Lambert.

Cet ouvrage a reçu à deux réprises une sorte de consécration académique qui le signale plus que sa valeur propre à l'attention de l'histoire. Lorsque le Premier consul, voulant se faire le protecteur des lettres, des arts et des sciences, fonda les *prix décennaux* que l'Institut était chargé de décerner sous sa tutelle, l'une de classes de l'Institut, sur le rapport de Suard, proposa le livre de Saint-Lambert, mais sans obtenir l'assentiment de Bonaparte, dont la politique était d'étouffer, bon ou mauvais, l'esprit du XVIII° siècle. Plus tard, quand les différentes classes de l'Institut furent appelées à dresser l'inventaire de tout ce qui s'était fait de grand dans les lettres, les arts et les sciences depuis 1789, Chénier, dans son *Tableau historique de l'état et des progrès de la littérature française*, crut devoir vanter ce livre comme une production qui faisait honneur à la fin du XVIII° siècle.

Suard et Chénier apportaient dans l'appréciation de cet ouvrages des préjugés de parti philosophique dont nous sommes aujourd'hui dégagés ; voyons impartialement ce qu'il contient et ce qu'il vaut.

« Il y a, disait Suard, une morale toute humaine

qui n'est fondée que sur la nature de l'homme et ses rapports inaltérables avec ses semblables, dans les formes de l'état social, et qui par là convient dans tous les temps, dans tous les climats, dans tous les gouvernements, dont la vérité et l'utilité sont reconnues également à Pékin et à Philadelphie, à Paris et à Londres. » L'idée exprimée ici par Suard, de faire de la morale une science fondée uniquement sur la nature de l'homme et sur ses rapports inaltérables avec ses semblables, et, en la rendant ainsi indépendante de tout dogme théologique et de toute doctrine métaphysique, de lui restituer le caractère d'universalité qui lui convient essentiellement, c'est là une des idées justes et même une des grandes idées du XVIII siècle. Cette idée étant donnée, celle d'un *Catéchisme universel* en découlait nécessairement ; et d'Alembert, dans ses *Éléments de philosophie* (1759), l'avait nettement formulée, en exprimant le vœu qu'un citoyen philosophe en jugeât l'exécution digne de lui [1]. C'est à cet appel que voulut répondre Saint-Lambert en composant son livre : *Principes des mœurs chez toutes les nations, ou Catéchisme universel*. Malheureusement il fit tout-à-fait fausse route, et compromit l'idée qu'il croyait servir. Il est vrai qu'en traitant la morale comme il le fit, il répondait à une façon de penser alors fort répandue, et c'est ce qu'attestent les grands éloges que lui adressent sans restriction Suard et Chénier ; mais ce fut précisément par là qu'il manqua son but : au lieu de s'attacher à ce qu'il y a d'éternel dans la philosophie morale, il suit les erreurs d'une école impuissante à expliquer et à fonder la

---

1. V. *Histoire des idées morales et politiques en France au* XVIIIe *siècle*, t. II, p. 458.

morale, et il se conforme à la mode, à la mauvaise mode de son temps. Voilà pourquoi son œuvre, si fort exaltée au moment où elle parut, est aujourd'hui si complétement oubliée.

Il est bon en effet de travailler à fonder la morale sur la nature de l'homme et à la rendre ainsi vraiment universelle, mais il ne faudrait pas commencer par se tromper grossièrement sur cette nature même ; il ne faudrait pas, par suite de cette erreur, ruiner les seuls fondements sur lesquels on puisse édifier la morale : la liberté et le devoir ; il ne faudrait pas enfin, pour la rendre agréable, la placer dans un cadre et lui faire parler un langage comme le cadre et le langage adoptés par Saint-Lambert.

Pour justifier tout de suite ce dernier reproche, il me suffira de rappeler que *l'analyse de la femme*, qui forme, avec celle de l'homme, la première partie de l'ouvrage, est présentée sous la forme d'un entretien entre une femme célèbre par sa galanterie, Ninon de Lenclos, et un disciple d'Epicure, Bernier, que ses contemporains appelaient le *joli philosophe*. L'auteur « avait besoin, nous dit-il lui-même, d'une femme d'esprit qui n'eût pas conservé cette retenue et cette dissimulation que les mœurs imposent à son sexe; il lui fallait une femme qui eût beaucoup pensé, beaucoup vu, et qui osât tout dire ; il la trouvait dans Ninon. Il avait besoin d'un philosophe raisonnable (c'est-à-dire épicurien), qui connût le globe et l'histoire, et il l'avait dans Bernier. » Voilà, il faut en convenir, des personnages singulièrement choisis pour introduire le lecteur dans un catéchisme de morale universelle !

Mais voyons le fond même de l'ouvrage. Je ne puis en faire ici une analyse suivie. J'en indiquerai seulement l'esprit général et les principaux résultats ; mais pour vous orienter dans les citations que j'aurai à en faire, je dois d'abord en indiquer le plan. Après un discours préliminaire qui contient une revue rapide et bien superficielle des principaux philosophes considérés comme moralistes, Saint-Lambert présente une *analyse de l'homme* qui est comme une déclaration de principes ; puis cette *analyse de la femme* qu'il expose sous la forme d'un entretien entre Ninon et Bernier, entretien digne en effet des deux interlocuteurs. Vient ensuite une espèce de court traité de logique ou d'art de former la raison sous le titre bizarre de *Ponthiamas*, « petit pays, dit l'auteur, connu seulement de M. Poivre et situé entre Siam et le Tonquin. » Trois mandarins chinois, supposés fondateurs de la colonie de Ponthiamas, enseignent aux citoyens de leur république ce que Chénier appelle les éléments de la philosophie rationnelle et font, à son dire, l'éducation d'un peuple de sages. Ce ne sont là que les préliminaires du *Catéchisme universel*. Ce *Catéchisme* lui-même se divise en trois parties : la première, composée de six dialogues, contient les *notions* et *définitions* d'où la morale entière doit sortir : elle n'est que le résumé de ce qui a été développé dans l'*analyse de l'homme et de la femme ;* la seconde trace les *préceptes* ou les règles de vie que l'homme doit suivre en conséquence de ces notions ; la troisième, en vue de ces préceptes et d'après ces notions, l'instruit dans l'*examen de soi-même.* Ce *Catéchisme*, qui s'adresse à des adolescents de douze à quinze ans, est suivi d'un long *commentaire* destiné aux parents et aux maîtres. Enfin, comme conclusion du *Catéchisme*, ou comme complément de l'éducation de l'homme, vient une *analyse historique de la société*, suite de réflexions sur l'histoire et la politique. « C'est encore, dit Chénier, de la morale, mais de la morale publique dans ses rapports avec la politique générale et avec l'histoire des plus célèbres sociétés civiles. »

Tel est le plan de l'ouvrage de Saint-Lambert. Quelle philosophie morale y trouvons-nous?

Et d'abord quelle idée Saint-Lambert se fait-il de l'homme? La même qu'Helvétius. « L'homme, dit-il, est une masse organisée et sensible qui reçoit de tout ce qui l'environne, et de ses besoins, cet esprit qui sera peut-être celui d'un Locke ou d'un Montesquieu, ce génie qui maîtrisera les éléments et mesurera les cieux. » Voilà une définition bien matérialiste, quoique formulée en des termes très-vagues. Telle est en effet la doctrine sur laquelle, comme Helvétius, et comme Hobbes, avant Helvétius, Saint-Lambert, qui se proclame lui-même leur disciple, prétend appuyer sa morale.

Dans cette doctrine que devient la *liberté* ? Elle est pour Saint-Lambert ce qu'elle est pour Helvétius : un vain mot. Aussi ne figure-t-elle pas dans la définition qu'il donne de l'homme : « (Dialogue premier, 1re demande :) Qu'est-ce que l'homme? — (Réponse :) Un être sensible et raisonnable. » Ailleurs (*Discours préliminaire*), il attribue à Hobbes l'honneur d'avoir été le premier qui ait eu des idées claires sur cette portion de liberté accordée à notre âme. Or on sait assez que ces idées claires consistent tout simplement à nier la liberté. Reste à savoir seulement comment on peut parler de morale, quand on rejette la liberté.

Que devient d'ailleurs le *devoir* dans cette même doctrine? Il se réduit au principe de l'intérêt personnel. C'est aussi le principe sur lequel Saint-Lambert va tenter de fonder sa morale, à la suite d'Helvétius ; il croit la fonder ainsi sur une base inébranlable.

Arrêtons-nous un instant avec lui sur ce dernier principe, avant de passer à l'application.

Nous venons de voir qu'il définit l'homme un être sensible et raisonnable. Demandant ensuite : comme sensible et raisonnable, que doit-il faire ? il répond à cette question : « Chercher le plaisir, éviter la douleur. » Voilà donc, selon Saint-Lambert, ce que l'homme *doit* faire ; voilà le principe du *devoir* ou de *l'obligation morale*.

Mais encore quels sont les plaisirs que nous devons chercher ? Car le devoir ne consiste pas sans doute à les rechercher tous indistinctement ; autrement, autant vaudrait dire tout de suite qu'il n'y a point de morale. Quelles seront donc les règles qui nous serviront ici de mesure ?

Saint-Lambert en indique deux : la première est l'opinion des autres ; la seconde est la prévoyance ou le souvenir des suites agréables ou fâcheuses que les actions ont pour nous.

C'est d'après ces deux règles que nous jugeons nos actions, et c'est dans le sentiment triste ou agréable que nous éprouvons d'après le jugement que nous portons sur nos actions en conséquence de ces deux règles, que consiste ce qu'on nomme la *conscience*.

« Puisque, dit Saint-Lambert, la conscience est l'effet du jugement que nous portons de nos actions, et que l'opinion dicte souvent nos jugements, il s'en suit que les actions que nous nous reprochons le plus sont celles que l'opinion condamne, et que nous nous reprochons rarement celles qu'elle ne condamne pas. »

Sans doute *en fait* nous réglons souvent notre jugement et notre conduite sur l'opinion, mais ce n'est pas l'opinion qui doit être le guide de la conscience; c'est au contraire la conscience qui doit servir à régler l'opinion. Dans beaucoup de cas l'opinion ne se trompe pas, et nous pouvons alors la suivre sans inconvénient; mais dans beaucoup de cas aussi, elle s'égare, et alors notre devoir est de la contredire et, au besoin, de la braver. En tout cas, ce serait une règle bien variable que l'opinion; comment fonder sur une base aussi mobile une morale et un catéchisme universels?

La seconde règle indiquée par Saint-Lambert ne rend pas mieux compte de la conscience et ne fonde pas mieux la morale. Laissons-le d'abord exposer cette seconde règle.

« Il est très-vrai qu'indépendamment de l'opinion, la conscience nous reproche celles de nos actions qui pourraient avoir pour nous des suites fâcheuses. Elle n'est guère dans l'enfance que la crainte du fouet, ou l'espérance des dragées, et dans tous les âges elle n'est guère que la prévoyance des chagrins qui suivront nos fautes, ou l'espérance du prix attaché à nos vertus. »

Quoi, c'est là la conscience ! C'est là cet « instinct divin, » cette « immortelle et céleste voix, » dont Rousseau avait parlé en des termes si éloquents qu'ils n'auraient pas dû s'effacer de la mémoire de Saint-Lambert. Quoi! Les joies de la conscience et les remords qui la déchirent n'ont d'autre principe que la prévoyance ou le souvenir des suites agréables ou fâcheuses que nos actions ont pour nous! Mais comment dans ce système parler encore de vertus ou de vices? Il n'y a plus ni vertu, ni vice, dès que notre intérêt personnel est notre unique règle; il n'y a plus qu'un bon ou un mauvais calcul, et tout le jugement que nous pouvons porter sur le crime revient à celui qu'exprimait Fontenelle au sujet d'un scélérat que l'on conduisait au gibet : « Voilà un homme qui a bien mal calculé ! » Enfin, quoi de plus mobile et de plus variable qu'une pareille règle ?

Mais quand on soutient un tel système, qu'on a l'âme honnête et qu'on appartient à un siècle animé de sentiments généreux, il est impossible que l'on ne se contredise pas soi-même. C'est ce qui est arrivé à Saint-Lambert, comme il était arrivé à Helvétius, et en général à tous les partisans du même système au XVIIIe siècle. Voyez par exemple comment, en dépit de sa définition, il parle du temoignage de la conscience et comme il oppose Caton vaincu à César triomphant :

« L'homme vertueux jouit du sentiment de sa supériorité et du témoignage de sa conscience. Caton avait plus d'ennemis dans Rome que Clodius ; cependant il ne régnait pas dans l'âme de Clodius le calme qui régnait dans l'âme de Caton. Celui-ci, dans Utique même, et au moment de se donner la mort, n'aurait pas voulu être à la place de César. »

N'est-ce point là la condamnation du système qui fonde la conscience sur l'opinion et sur l'intérêt personnel ? Caton n'avait pas pour lui l'opinion, puisqu'elle le laissait succomber ; et, au point de vue de l'intérêt personnel, on peut dire de lui comme de l'homme de Fontenelle, qu'il avait bien mal calculé, puisqu'il en était réduit à se donner la mort. Il y a donc ici une contradiction flagrante dans Saint-Lambert : en jugeant Caton comme il le fait, et en prenant parti pour lui contre César, il dément son propre principe.

Nous allons retrouver la même heureuse contradiction en passant du principe à l'application ; et ici nous verrons reparaître et briller, en dépit du vice originel de la doctrine, l'esprit d'humanité qui anime le xviii° siècle. Comme j'ai bien plus de plaisir à insister sur ce côté généreux que sur l'autre, je me hâte d'arriver à cette nouvelle partie du *Catéchisme*, à celle qui traite des *préceptes*, ou de nos différents devoirs.

Ce n'est pas que dans cette partie même le vice originel de la doctrine ne se fasse encore sentir, mais il y est mieux corrigé par ce que j'appelle le courant généreux de l'esprit du temps.

Mais avant de retrouver celui-ci, il nous faut d'abord traverser un chapitre qui traite de ce que l'auteur appelle avec tout le monde *les devoirs de l'homme envers lui-même*, quoiqu'il n'ait guère en général le droit de se servir de ce mot *devoir*, et quoique la définition qu'il a donnée plus haut de la vertu : « Une disposition habituelle à contribuer au bonheur des autres, » exclue les vertus personnelles. En voyant d'ailleurs à quoi il réduit les devoirs de l'homme envers lui-même, on n'est guère plus tenté de lui reprocher ou de le louer de se contredire : il ne se montre ici que trop fidèle au principe de sa doctrine.

« Si tu vivais seul dans une île abandonnée, l'amour-propre t'ordonnerait d'exercer tes membres pour conserver tes forces et rester en état de te défendre contre les animaux et d'en faire ta proie.

« Tu choisirais des aliments agréables, et bientôt tu choisirais des aliments sains, parce que tu craindrais des plaisirs qui seraient suivis de la douleur.

« Si tu te livrais imprudemment à ces plaisirs, tu aurais une conscience qui te dirait que tu fais mal, et tu serais affligé. »

Ai-je besoin de faire remarquer que Saint-Lambert

confond ici la conscience avec l'estomac ? Continuons.

« Si tu prenais l'habitude d'agir sans réfléchir, tu aurais à craindre toute la nature en toi, et tu ne goûterais pas le repos.

« Si tu sentais que tu as perfectionné ta raison assez pour distinguer ce qui serait utile ou dangereux pour toi, tu serais content de toi.

« Le désir d'un état dans lequel tu puisses satisfaire en paix à tes besoins est le vœu que la nature a mis dans ton cœur, et de ce vœu naîtront tes devoirs envers la société. »

Et voilà tout ce qui concerne les devoirs de l'homme envers lui-même ; ce n'était vraiment pas la peine d'en parler. Vous venez de voir aussi par ce passage que c'est toujours de l'intérêt personnel que Saint-Lambert prétend tirer nos devoirs envers la société. Mais c'est ici qu'il se montre heureusement infidèle au principe de sa doctrine et qu'il revient à l'esprit d'humanité et de justice qui inspire ses grands contemporains. De là des préceptes qui ne sont pas sans beauté, bien que la doctrine sur laquelle ils sont greffés les frappe de stérilité. En voici, par exemple, quelques-uns, extraits du chapitre des *Devoirs envers les hommes en général*.

— « Etes-vous jeune ou vieux, riche ou pauvre, puissant ou faible, ignorant ou éclairé ? Mortel, vous devez à tous les mortels d'être juste.

— « Riche, vos richesses sont dans vos mains le tribut du pauvre, ouvrez-lui son trésor ; pauvre, vous ne donnerez que de faibles secours au malheureux, mais allez le consoler dans son travail, et rappelez l'espérance dans son âme.

— « Surprenez-vous un secret ? C'est la propriété d'un autre ; respectez sa propriété. Vous confie-t-on un secret ? C'est un dépôt ; ne violez pas ce dépôt.

— « Prenez l'habitude de faire et de dire ce qui peut unir les hommes entr'eux.

— « Faites-vous aimer, afin qu'on aime dans votre bouche la justice et la vérité.

— « Vous avez un ennemi, tant que vous n'aurez pas pardonné.

— « Redoublez d'égards pour l'homme que vous avez obligé, et d'amour pour celui qui vous oblige.

— « Servez l'homme dans celui dont vous ne pouvez aimer la personne. »

Au sujet des *devoirs envers la patrie* :

— « Dites-vous : mes biens ne sont pas à moi seul, ils sont à moi et à l'État ; ma vie n'est pas à moi seul, elle est à moi et à l'État.

— « Si vous éprouvez de grandes injustices, il vous est permis de quitter votre patrie, mais il ne vous est pas permis de la combattre. »

Saint-Lambert jette ici un juste blâme aux émigrés qui avaient quitté la France pour porter les armes contre elle.

— « La nature vous défend de rendre à votre patrie des services que vous croyez funestes au genre humain. »

C'est le sentiment que Montesquieu a si bien exprimé et dont on retrouve l'expression chez d'Alembert [1]. Il est commun à tous les philosophes du XVIIIe siècle : l'humanité est au-dessus de tout.

Suivent les *devoirs envers la famille* :

Devoirs des enfants envers les parents. Ils consistent en général dans le respect, l'amour et la reconnaissance, mais avec des nuances qui varient selon les différents âges.

Devoirs mutuels des époux. Saint-Lambert tâche de relever par ici ses préceptes cette partie des mœurs

---

1. V. *Histoire des idées morales et politiques en France au* XVIIIe *siècle*, t. II, p. 435.

si abaissée au XVIIIᵉ siècle dans un certain monde, dans celui même qui aurait dû donner l'exemple et dont notre moraliste avait tout le premier suivi le courant. Voici deux tableaux qu'il oppose l'un à l'autre et qui sont assez heureusement tracés pour mériter d'être conservés :

« Il y a un lieu sur la terre où les joies pures sont inconnues, d'où la politesse est exilée et fait place à l'égoïsme, à la contradiction, aux injures à demi voilées ; le remords et l'inquiétude, furies infatigables, y tourmentent les habitants. Ce lieu est la maison de deux époux qui ne peuvent ni s'estimer, ni s'aimer.

« Il y a un lieu sur la terre où le vice ne s'introduit pas, où les passions tristes n'ont jamais d'empire, où le plaisir et l'innocence habitent toujours ensemble, où les soins sont chers, où les travaux sont doux, où les peines s'oublient dans les entretiens de la tendresse, où l'on jouit du passé, du présent, de l'avenir ; et c'est la maison de deux époux qui s'aiment. »

Devoirs des parents envers leurs enfants. Rien de remarquable à noter.

Devoirs des enfants entr'eux. Voici de belles paroles à recueillir :

« Famille, vous êtes un tout qu'on affaiblit quand on le divise ; que vos cœurs soient unis, afin que vos pères et mères puissent se dire à leur dernière heure : aucun ne sera sans appui. »

Devoirs envers les parents éloignés. Voici encore de belles paroles :

« Dans la disposition de vos biens, n'oubliez pas vos parents éloignés ; ne soyez pas injuste, mais soyez plus humain que la loi. Si vous n'êtes pas un parent juste et bon, la société n'attendra de vous ni justice, ni bonté. »

Devoirs des amis entr'eux. Notons cette maxime :

« L'amitiée prodigue et ne compte pas ; elle se plaît à répandre sans songer si elle a à recueillir. »

Devoirs mutuels des maîtres et des domestiques. Voici quelques lignes, à l'adresse des maîtres, qui sont vraiment admirables :

« Tous ces êtres faibles qui, sous le nom d'hommes, travaillent, souffrent et meurent, ont les mêmes droits à la bonté, à l'équité et à la bienfaisance des hommes... Vous avez traité avec des hommes. Vous avez dû compter qu'ils auraient des défauts ; votre indulgence est une condition tacite du traité. »

Quant aux domestiques, Saint-Lambert leur recommande de bien choisir leurs maîtres, de leur obéir comme les enfants de la maison, de faire tout leur possible pour les satisfaire. « Mais, ajoute-t-il, veut-on exiger de vous d'être injustes? Refusez d'obéir et sortez... Vous avez le secret de ce qui se passe dans la maison du maître ; si les bonnes mœurs y sont blessées, ne révélez point sa honte et sortez... C'est le mensonge et non votre état qui peut vous avilir. »

Voilà de beaux et excellents préceptes. Il est fâcheux que le bon effet en soit gâté par les vices de la doctrine sur laquelle Saint-Lambert les appuie, par les puérilités et les naïvetés qu'il y ajoute dans la partie suivante, qui traite *de l'examen de soi-même*, enfin par le *Commentaire* qu'il en fait, au point de vue de son principe, dans la dernière partie de son *Catéchisme*.

Je ne dirai rien de la philosophie politique contenue dans l'*Analyse historique de la société* qui forme la conclusion de tout l'ouvrage, parce que, dans cette partie terminée avant la grande explosion de 1789, l'auteur en est resté au système de la *monarchie pa-*

ternelle, et que, tout en demandant certaines réformes, il n'a garde de toucher aux priviléges de la noblesse et du clergé. Il va jusqu'à dire « qu'il faut une religion (comme la religion catholique) dans le clergé de laquelle il y ait des dignités, des rangs, un peuple, enfin une subordination graduée. »

Est-ce bien un philosophe du xviiie siècle, un ami de Voltaire, de Rousseau et de Diderot qui parle ainsi? Mais n'attachons pas aux idées politiques de Saint-Lambert plus d'importance qu'elles n'en méritent. Ce n'était point par là sans doute que son livre devait plaire à Suard et à Chénier, et ce n'était point par là qu'il pouvait déplaire au Premier consul. Fermons ici le livre en nous tenant au *Catéchisme* que nous venons d'examiner. Nous avons encore un autre catéchisme du même genre à étudier : celui de Volney. C'est par là que je terminerai ce cours.

NEUVIÈME LEÇON

VOLNEY

SA VIE

Le *Catéchisme* philosophique de Saint-Lambert, dont nous nous sommes occupés dans notre dernière séance, nous conduit naturellement à celui de Volney, qui, sorti de la même école et publié à peu près dans le même temps, présente le même vice originel de doctrine, mais se relève aussi par les mêmes sentiments de justice et d'humanité, communs à toute la philosophie du xviiie siècle. Mais, avant d'examiner le catéchisme de Volney et en général la philosophie morale de l'auteur, je veux, comme je l'ai fait pour les autres moralistes que nous avons étudiés jusqu'ici, vous faire connaître l'homme, sa vie et son caractère. La biographie de Volney, à laquelle je consacrerai cette leçon, va nous offrir un genre d'intérêt nouveau : nous avons affaire ici à un philosophe qui a été un des acteurs de la Révolution française ; Volney est un de ceux à qui il a été donné de travailler à faire passer la philosophie du xviiie siècle de la région des idées dans celle des faits. Le rôle qu'il a joué plus tard a été, à la vérité, moins digne d'un philosophe, et l'on y peut voir justement un indice de l'insuffisance de sa doctrine morale particulière ; mais, si le législateur de 1789 a eu le tort de consentir à figurer sur la liste des sénateurs du Consulat et de l'Empire, et de se laisser affubler d'un titre de comte, il a eu du moins le mérite de se ranger parmi les rares opposants qu'ait rencontrés, dans les régions officielles, la désastreuse politique de Napoléon.

Volney naquit le 3 février 1757 à Craon, petite ville de l'ancienne province du Maine, devenue depuis un chef-lieu de canton du département de la Mayenne. Son nom de famille était Chassebœuf; mais son père, avocat au tribunal de Craon, se souvenant des désagréments que ce nom par trop rustique lui avait attirés à lui-même dans sa jeunesse, et peu flatté d'ailleurs de le partager avec un certain nombre de collatéraux dont il était bien aise de distinguer sa branche, ne voulut point que le jeune Constantin François (c'étaient les prénoms qu'il avait donnés à son fils), portât ce nom de famille, et il l'appela Boisgirais. C'est sous ce dernier nom que fut élevé l'enfant qui devait prendre plus tard et immortaliser celui de Volney. Il eut le malheur de perdre sa mère à l'âge de deux ans; et, comme son père était fort occupé au barreau, il fut laissé aux mains d'une servante de campagne et d'une vieille parente, dont l'une le gâtait et l'autre le grondait sans cesse, mais qui toutes deux farcirent son esprit de préjugés et surtout de la terreur des revenants, à ce point que, jusqu'à l'âge de onze ans, il n'osait rester seul la nuit.

C'est Volney lui-même qui nous donne ces détails dans une histoire de sa vie qu'il avait commencée quelques jours avant de mourir, et dont il ne put laisser que quelques notes, écrites au crayon.

« Il n'avait encore que sept ans, ajoute-t-il dans ces notes, lorsque son père le mit à un petit collége tenu à Ancenis par un prêtre bas-breton, qui passait pour faire de bons latinistes. Jeté là faible (il était dès lors ce qu'il fut toute sa vie, d'une santé très-délicate), sans appui, privé tout à coup de beaucoup de soins, l'enfant devint chagrin et sauvage. On le châtia; il devint plus farouche, ne travailla point, et resta le dernier de sa classe. Six ou huit mois se passèrent ainsi; enfin un de ses maîtres en eut pitié, le caressa, le consola; ce fut une métamorphose en quinze jours : Boisgirais s'appliqua si bien qu'il s'approcha bientôt des premières places qu'il ne quitta plus. »

On voit par cet exemple quelle influence la première éducation peut avoir sur le caractère et les progrès d'un enfant. Vous savez combien, à l'époque où fut élevé Volney, cette éducation était encore brutale dans le sein même des familles, à plus forte raison dans les pensions et les colléges. Combien de maîtres qui, comme celui du jeune Boisgirais, ne parlaient qu'en grondant et ne grondaient qu'en frappant! Heureusement il trouva, à côté du directeur, un maître plus affectueux, qui, par ses bons traitements, sut le transformer d'écolier farouche et paresseux en élève doux et laborieux. Mais l'abandon où le laissait son père, qui, loin de chercher à réparer pour ce pauvre enfant la perte de sa mère, ne s'occupait nullement de lui et ne venait même jamais le voir, cet abandon le plongea dans une mélancolie qu'il conserva toute sa vie.

Un frère de sa mère, qui le visitait quelquefois, finit par déterminer son père à le retirer de la maison où végétait si tristement son enfance pour le faire entrer au collége d'Angers. C'est là que le jeune Boisgirais continua ses études; elles furent si brillantes qu'on en conserva longtemps le souvenir dans ce collége.

Il les avait terminées à l'âge de dix-sept ans. Son père, qui ne demandait qu'à se débarrasser de lui, se hâta de le faire émanciper ; et, lui ayant rendu compte du bien de sa mère (onze cents livres de rente), l'abandonna à lui-même.

Maître absolu de sa petite fortune et de ses actes, Volney se rendit à Paris pour y chercher la carrière qui lui conviendrait le mieux. Il était déjà trop réfléchi et trop avide de science pour se laisser emporter, comme tant d'autres jeunes gens livrés à eux-mêmes, comme Duclos par exemple, au tourbillon des plaisirs que lui offrait la grande capitale. Au lieu d'y perdre sa jeunesse, il passait presque tout son temps dans les bibliothèques publiques, lisant les auteurs anciens et se plongeant dans l'étude de l'histoire et de la philosophie.

Son père, cependant, désirait qu'il étudiât le droit pour se faire avocat ; mais cette étude, qui n'était guère alors que celle d'un amas informe de lois et de coutumes auxquelles n'avait présidé aucun principe philosophique, n'était pas de son goût. Il préféra celle de la médecine qui, quelque peu satisfaisante qu'elle fût aussi à cette époque, lui ouvrait du moins un champ d'investigations qui convenait à son esprit. D'ailleurs né, comme nous l'avons vu, faible et maladif, et ennuyé des médecins non moins que des souffrances, il voulait, en étudiant la médecine, se rendre capable de devenir son propre médecin. Mais, tout en se livrant à cette étude, il n'en continua pas moins ses savantes recherches sur l'antiquité ; il n'avait pas encore terminé ses cours de médecine qu'il adressait à l'Académie un mémoire sur la chronologie d'Hérodote.

Ce mémoire attira l'attention sur son jeune auteur,

et le mit en rapport avec quelques-uns des hommes les plus célèbres de cette époque, entre autres le baron d'Holbach, qui le prit en amitié et lui fit faire la connaissance de Franklin. Celui-ci, à son tour, le présenta à son amie, Mme Helvétius, qui, retirée à Auteuil depuis la mort de son mari (1771), recevait chez elle beaucoup de gens de lettres et de savants illustres. Admis dans cette société d'élite, Volney se prit de plus en plus de passion pour l'étude indépendante et la libre recherche en tout genre.

Les erreurs et les contradictions résultant dans l'histoire de l'antiquité de certains préjugés et des fausses méthodes employées pour les soutenir, l'avaient frappé de bonne heure ; il avait conçu, tout jeune encore, l'idée de travailler à dissiper les ténèbres dont la couvrait une ignorance systématique. Il sentit aussi de bonne heure le désir d'explorer ces contrées, alors si peu connues, où avaient fleuri autrefois les grands empires et les puissantes nations dont il voulait rectifier l'histoire ; il pensait qu'il s'expliquerait mieux leur chute en interrogeant les ruines qui en subsistaient, et qu'en visitant les peuples qui leur avaient succédé sur le même théâtre, il se ferait de l'état de ceux-ci une idée plus exacte.

Un héritage de six mille livres qu'il fit dans sa jeunesse lui permit de réaliser ce désir. Il ne crut pas pouvoir le mieux utiliser qu'en l'employant à visiter l'Egypte et la Syrie.

Pour se préparer à ce voyage, il quitta Paris et se retira chez son oncle. Là il se soumit, pendant un an, à toutes sortes d'épreuves, qui avaient pour but d'endurcir son corps à la fatigue et d'assouplir ses membres, faisant à pied des voyages de plusieurs jours, régularisant son pas de manière à pouvoir mesurer exactement un espace par le temps qu'il mettait à le parcourir, s'habituant à rester des journées entières sans prendre de nourriture, franchissant de larges fossés, escaladant de hautes murailles, montant à cheval sans bride ni selle, à la manière des Arabes. Ceux qui le voyaient se livrer à ces actes singuliers, ignorant son dessein, le prenaient pour un fou.

Une fois cet apprentissage terminé, il déclara sa résolution, non pas à son père, dont il craignait l'opposition, mais à son oncle, en qui il avait plus de confiance. Celui-ci, effrayé de la hardiesse d'un tel projet, fit tout ce qu'il put pour l'en détourner, mais en vain : la résolution du jeune homme était inébranlable. Il partit (1783), après avoir échangé le nom de Boisgirais que lui avait donné son père, mais qui ne lui plaisait pas, contre celui de Volney, que lui avait proposé son oncle et que ce voyage même allait rendre célèbre.

Débarqué en Egypte, il put juger combien la lecture des livres prépare peu au spectacle des usages et des mœurs des nations, et combien il y a loin de l'effet des récits sur l'esprit à celui des objets sur les sens (*Voyage en Syrie et en Egypte*). Aussi crut-il devoir passer plusieurs mois au Caire, pour y observer des mœurs et des coutumes dont les livres n'avaient pu lui donner qu'une idée très-insuffisante.

Il s'aperçut bientôt aussi que, pour pouvoir pénétrer dans l'intérieur des pays qu'il voulait visiter et y faire les observations qu'il avait en vue, il lui était nécessaire de connaître la langue arabe. Il résolut donc d'apprendre cette langue avant de continuer son voyage ; et, pour cela, il alla s'enfermer pendant huit mois dans un couvent arabe situé chez les Druses, au milieu des montagnes du Liban. Là, sans avoir à sa disposition ni grammaire, ni dictionnaire, il parvint, à force de patience et de génie, à connaître parfaitement l'arabe et à le parler avec facilité. Il put alors reprendre le cours de son voyage.

Il parcourut toute l'Egypte et la Syrie, allant de tribu en tribu, de ville en ville, de monument en monument, voulant tout voir par lui-même, hommes et choses ; pour observer de plus près les mœurs des habitants, vivant avec eux sous la tente et se soumettant à leur régime, au point d'en souffrir cruellement ; ou, pour se livrer à la méditation des temps anciens, demeurant de longues heures assis sur les ruines de quelque antique cité, comme Palmyre.

Il passa ainsi trois années, portant partout avec lui, non pas la curiosité oiseuse de ces amateurs pour qui le monde n'est qu'un spectacle plus ou moins divertissant, mais une vive sympathie pour les souffrances de notre pauvre humanité et un ardent désir de lui être utile.

De retour en France, il publia une relation de son voyage qui obtint le succès le plus brillant et le moins contesté. Pour prouver la valeur de cet ouvrage, il me suffira de citer l'hommage que lui rendit, quelques années plus tard, le général Berthier, dans la *Relation de la campagne d'Egypte* : « Les aperçus politiques sur les ressources de l'Egypte, la description de ses monuments, l'histoire des mœurs et des usages des diverses nations qui l'habitent, ont été traités par le citoyen Volney avec une vérité et une profondeur qui n'ont rien laissé à ajouter aux observateurs qui sont venus après lui. Son ouvrage était le guide des Français en Egypte ; c'est le seul qui ne les ait jamais trompés. »

Le *Voyage en Egypte et en Syrie* avait paru en 1787.

Deux ans après éclatait la Révolution française ; cette gigantesque tentative de rénovation sociale répondait trop bien aux idées et aux vœux de Volney pour qu'il ne s'en déclarât point le partisan et ne la secondât point de tous ses moyens. Au moment où furent convoqués les Etats-Généraux, qui devaient inaugurer la Révolution, il venait d'être appelé au poste de directeur général de l'agriculture et du commerce en Corse, et il était sur le point de partir. Nommé député d'Anjou, il prit tout de suite une part très-active aux actes de l'Assemblée ; et, bien qu'il n'ait donné que plus tard sa démission de la place qu'il tenait du gouvernement, se conduisit avec la plus entière indépendance. Il fut de ceux qui repoussèrent le plus vivement les prétentions du clergé et de la noblesse à se séparer du tiers-état dans la vérification des pouvoirs et dans les délibérations ultérieures ; et, lorsque, une lettre du roi étant intervenue pour soumettre le différend à l'arbitrage de son garde des sceaux, un député de la droite, Malouet, proposa aux communes (28 mai 1789), vu la nature de l'objet en discussion, de délibérer en secret et de faire retirer les étrangers, Volney s'opposa à cette motion en ces termes qui méritent d'être rapportés, parce qu'ils montrent bien l'esprit qui l'animait dès le début :

« Des étrangers, s'écriait-il, en est-il parmi nous ? L'honneur que vous avez reçu d'eux lorsqu'ils vous ont nommés députés vous fait-il oublier qu'ils sont vos frères et vos concitoyens ? N'ont-ils pas le plus grand intérêt à avoir les yeux fixés sur vous ? Oubliez-vous que vous n'êtes que leurs représentants, leurs fondés de pouvoirs ? Et prétendez-vous vous soustraire à leurs regards, lorsque vous leur devez un compte de toutes vos démarches, de toutes vos pensées ? Je ne puis estimer quiconque cherche à se dérober dans les ténèbres ; le grand jour est fait pour éclairer la vérité, et je me fais gloire de penser comme ce philosophe qui disait que toutes ses actions n'avaient jamais rien de secret et qu'il voudrait que sa maison fût de verre. Nous sommes dans les conjonctures les plus difficiles : que nos concitoyens nous environnent de toutes parts, qu'ils nous pressent, que leur présence nous inspire et nous anime. Elle n'ajoutera rien au courage de l'homme qui aime sa patrie et qui veut la servir ; mais elle fera rougir le perfide et le lâche que le séjour de la cour ou la pusillanimité auraient déjà pu corrompre. »

Lorsqu'enfin, grâce à l'énergie des représentants du tiers, les trois ordres se furent réunis en une même *assemblée nationale*, et que cette assemblée nationale entreprit de donner une nouvelle constitution à la France, Volney fut élu membre du comité chargé de préparer le travail (6 juillet). Quelque temps après, lorsque fut discutée la *Déclaration des droits de l'homme et du citoyen* qui, suivant la juste expression de M. Mignet (*Histoire de la Révolution française*, t. I, p. 116), « devait servir de table à la nouvelle loi et était la prise de possession du droit au nom de l'humanité, » Volney proposa d'exposer au peuple les circonstances qui avaient rendu nécessaire une telle *Déclaration*.

L'un des plus importants débats auxquels Volney ait pris part est celui qui s'éleva sur la question de savoir si l'on accorderait au roi le droit de déclarer la guerre ou de faire la paix à son gré. Il se montra dans cette circonstance le vrai représentant de la philosophie du xviiie siècle :

« Jusqu'à ce jour, dit-il (séance du 16 mai 1790), l'Europe a présenté un spectacle affligeant d'orgueil apparent et de misère réelle ; on n'y comptait que des maisons de princes et des intérêts de famille. Les nations n'y avaient qu'une existence accessoire et précaire. On possédait un empire comme un domaine ; on portait en dot des peuples comme des troupeaux. Pour les menus plaisirs d'une tête, on ruinait une contrée ; pour les pactes de quelques individus, on privait un pays de ses avantages naturels. La paix du monde dépendait d'une pleurésie, d'une chute de cheval. L'Inde et l'Amérique étaient plongées dans les calamités de la guerre pour la mort d'un enfant, et les rois se disputant son héritage vidaient leur querelle par le duel des nations. Vous changerez, Messieurs, cet état de choses si déplorable ; vous ne souffrirez plus que des millions d'hommes soient le jouet de quelques-uns qui ne sont que leurs semblables, et vous rendrez leur dignité et leur droit aux nations. »

Volney proposait en conséquence de voter le décret suivant, dont les motifs et les articles méritent d'être cités comme un admirable monument de l'esprit de cette époque :

« L'Assemblée nationale, délibérant à l'occasion des armements extraordinaires de deux puissances voisines qui élèvent les alarmes de la guerre ;

Dans cette circonstance où, pour la première fois, elle porte des regards de surveillance au-delà des limites de l'empire, désirant manifester les principes qui la dirigeront dans ses relations extérieures, elle déclare solennellement :

1° Qu'elle regarde l'universalité du genre humain comme ne formant qu'une seule et même société, dont l'objet est la paix et le bonheur de tous et de chacun de ses membres ;

2° Que, dans cette grande société générale, les peuples et les États considérés comme individus jouissent des mêmes droits naturels et sont soumis aux mêmes règles de justice que les individus des sociétés particlles et secondaires ;

3° Que, par conséquent, nul peuple n'a le droit d'envahir la propriété d'un autre peuple, ni de le priver de sa liberté et de ses avantages naturels ;

4° Que toute guerre entreprise par un autre motif et pour un autre objet que la défense d'un droit juste, est un acte d'oppression qu'il importe à la grande société de réprimer, parce que l'invasion d'un état par un autre état tend à menacer la liberté et la sûreté de tous ;

Par ces motifs, l'Assemblée nationale a décrété et décrète comme articles de la Constitution française :

Que la nation s'interdit de ce moment d'entreprendre aucune guerre tendant à accroître son territoire actuel. »

L'Assemblée consacra en effet ce principe dans le décret qu'elle vota le 22 mai 1790, et en fit un des articles de la Constitution de 1791, en ces termes :

« La nation française renonce à entreprendre aucune guerre dans la vue de faire des conquêtes, et n'emploiera jamais ses forces contre la liberté d'aucun peuple. »

Malheureusement la France ne devait pas rester longtemps fidèle au magnifique programme que lui avait tracé la philosophie du xviiie siècle par l'organe de Volney et dont elle avait adopté le principe dans sa Constitution. Mais à qui la faute, au moins la première faute ? Attaquée par une insolente et redoutable coalition des princes de l'Europe, qu'excitaient et soutenaient les émigrés, elle se vit forcée de faire la guerre pour défendre son indépendance, et se trouva poussée à reculer ses frontières pour la mieux garantir à l'avenir. De là, l'annexion de la rive gauche du Rhin (traité de Bâle, 1795), et plus tard l'incorporation plus regrettable de Genève. Puis vint Napoléon, et alors, sous l'action du despotisme militaire, l'esprit de conquête étouffa l'esprit de liberté et d'humanité. Mais qui avait rendu possible ce système ? Deux choses : l'exaltation militaire produite par les guerres que la Révolution avait été contrainte de soutenir contre les rois de l'Europe, et les violences intérieures auxquelles l'avaient poussée les attaques du dehors, soutenues par les intrigues du dedans. Je me borne à rappeler ici ces simples considérations, et je reviens à Volney.

Les luttes de la politique n'avaient pas empêché Volney de poursuivre ses méditations philosophiques et de se livrer à la composition littéraire. L'année même où l'Assemblée constituante se séparait pour faire place à la Législative (30 septembre 1791), il publia son livre *Les Ruines ou Méditations sur les révolutions des Empires.* Ce livre apparaissant dans un temps où s'écroulait l'ancien régime et où un ordre nouveau tendait à s'établir sur ses ruines, avait un singulier à-propos ; composé par un homme qui, après avoir visité le théâtre de grands empires disparus, venait de prendre part lui-même au renversement de l'antique société et à la reconstruction de la nouvelle, il offrait un intérêt encore plus piquant. Il répondait d'ailleurs aux idées d'affranchissement, non-seulement politique, mais intellectuel, qui dominaient alors, et il était d'une forme attrayante. Aussi, malgré l'agitation de l'époque où il parut, obtint-il un grand succès. Je n'insiste pas davantage en ce moment sur cet ouvrage, que j'aurai à examiner dans la prochaine leçon.

Cette même année, l'impératrice de Russie, Catherine II, ayant adhéré à la coalition contre la France, Volney lui renvoya la médaille qu'il en avait reçue pour son *Voyage en Egypte et en Syrie,* en adressant à Grimm la lettre suivante, qui lui fait trop d'honneur pour ne pas être citée ici tout entière, bien qu'il se la soit, dit-on, reprochée plus tard comme un acte impolitique.

« Paris, 4 décembre 1791.

« Monsieur,

« La protection déclarée que Sa Majesté l'impératrice des Russies accorde à des Français révoltés, les secours pécuniaires dont elle favorise les ennemis de ma patrie, ne me

permettent plus de garder en mes mains le monument de
générosité qu'elle y a déposé. Vous sentez que je parle de la
médaille d'or qu'au mois de janvier 1788 vous m'adressâtes
de la part de Sa Majesté. Tant que j'ai pu voir dans ce don
un témoignage d'estime et d'approbation des principes politiques que j'ai manifestés, je lui ai porté le respect qu'on
doit à un noble emploi de la puissance ; mais aujourd'hui
que je partage cet or avec des hommes pervers et dénaturés,
de quel œil pourrai-je l'envisager ? Comment souffrirai-je
que mon nom se trouve inscrit à côté de ceux des déprédat-
teurs de la France ? Sans doute l'impératrice est trompée,
sans doute la souveraine qui nous a donné l'exemple de
consulter les philosophes pour dresser un code de lois, qui a
reconnu pour base de ces lois l'*égalité* et la *liberté*, qui a
affranchi ses propres serfs et qui ne pouvant briser les liens
de ceux de ses boyards, les a du moins relachés ; sans doute
Catherine II n'a point entendu épouser la querelle des
champions iniques et absurdes de la barbarie superstitieuse
des siècles passés ; sans doute, enfin, sa religion séduite n'a
besoin que d'un rayon pour s'éclairer ; mais, en attendant,
un grand scandale de contradiction existe, et les esprits
droits et justes ne peuvent consentir à la partager. Veuillez donc, Monsieur, rendre à l'impératrice un bienfait dont
je ne puis plus m'honorer ; veuillez lui dire que, si je l'ob-
tins de son estime, je le lui rends pour la conserver ; que
les nouvelles lois de mon pays, qu'elle persécute, ne me
permettent d'être ni ingrat, ni lâche, et qu'après tant de
vœux pour une gloire utile à l'humanité, il m'est douloureux de n'avoir que des illusions à regretter. »

On sait que l'Assemblée constituante, par un scru-
pule exagéré, avait décidé qu'aucun de ses membres
ne pourrait être nommé à la prochaine législature.
Volney ne put donc faire partie de l'Assemblée législative. Pendant qu'elle siégeait (1ᵉʳ octobre 1791-
20 septembre 1792), il se rendit en Corse pour y
exécuter un grand projet : celui d'y introduire la culture des plantes du Tropique et d'ouvrir ainsi à la
France et à l'Europe une nouvelle source de produits

Ayant acheté un domaine auprès d'Ajaccio, il y commença ses essais; mais les troubles que Paoli suscita dans cette île et qui la firent passer aux mains de l'Angleterre, le forcèrent d'interrompre ses travaux et de quitter le pays.

La Terreur régnait en France quand il y rentra. Ce fut au milieu de cette tourmente qu'il publia son *Catéchisme du citoyen français* (je ne fais que mentionner cet ouvrage, dont nous aurons aussi à nous occuper dans la prochaine leçon). Le *Moniteur* du 6 septembre 1792 l'annonçait avec éloge. Mais cela n'empêcha pas l'auteur d'être arrêté.

Le régime sanguinaire qui dominait alors faisait horreur à Volney. Il s'éleva courageusement contre cette atroce et inepte politique. On cite de lui ces belles paroles : « Modernes Lycurgues, vous parlez de pain et de fer; le fer des piques ne produit que du sang; c'est le fer des charrues qui produit du pain. » Il n'en fallait pas tant à cette époque pour être dénoncé comme « suspect » et envoyé à la guillotine. Volney fut arrêté et détenu, mais il échappa à l'échafaud ; après dix mois de prison, il fut rendu à la liberté par les événements du 9 thermidor (27 juillet 1794).

Quelques mois après sa sortie de prison (11 novembre 1794), pendant qu'il se trouvait à Nice, où le décret rendu contre les détenus l'avait forcé de se retirer provisoirement, il fut nommé par la Convention, sur la proposition du comité de l'instruction publique, professeur d'histoire à cette grande école normale de Paris que venait de fonder cette assemblée, et où étaient appelés les hommes les plus illustres dans les lettres et dans les sciences, Bernardin de Saint-Pierre, Charles Bonnet, Lagrange, Monge,

Bertholet, Haüy, Sicard, Daubenton, etc. Dans les leçons qu'il dut faire immédiatement, Volney exposa sur l'étude de l'histoire les idées critiques qu'il avait conçues dès sa jeunesse, et il y joignit son appréciation de l'état présent des choses (voir la péroraison de la dernière leçon) ; puis, il suspendit ses séances pour réparer ses forces. Malheureusement il ne lui fut pas donné de reprendre son enseignement; l'école normale fut dissoute peu de temps après.

Rendu alors à lui-même, mais, suivant ses propres expressions, « triste du passé et inquiet de l'avenir, » il conçut le projet de visiter l'Amérique, comme il avait visité, douze ans auparavant, l'Égypte et la Syrie, et de « voir si, comme il le dit encore, un ami sincère de la liberté profanée dans son pays trouverait pour sa vieillesse chez un peuple étranger, mais libre, un asile de paix dont l'Europe ne lui offrait plus l'espérance. » C'est avec ces sentiments qu'il s'embarqua au Havre pour l'Amérique en 1795. Combien ils étaient différents de ceux dont il était agité en partant de Marseille pour l'Égypte en 1783!

« En 1783, nous dit-il lui-même, lorsque je partais de Marseille, c'était de plein gré, avec cette alacrité, cette confiance en autrui et en soi qu'inspire la jeunesse; je quittais gaîment un pays d'abondance et de paix, pour aller vivre dans un pays de barbarie et de misère, sans autre motif que d'employer le temps d'une jeunesse inquiète et entière à me procurer des connaissances d'un genre neuf et à embellir par elles le reste de ma vie d'une auréole de considération et d'estime... En 1795, au contraire, lorsque je m'embarquais au Havre, c'était avec le dégoût et l'indifférence que donnent le spectacle et l'expérience de l'injustice et de la persécution. »

On le voit, Volney était sorti de la terrible expérience de 1793 profondément découragé ; et, dans le temps même où la Révolution paraissait avoir enfin touché le port, il ne conservait point l'espoir de l'y voir jeter l'ancre. Aussi allait-il chercher la liberté et un asile en Amérique.

Mais là aussi il devait faire une pénible expérience. Très-bien accueilli de Washington, il ne le fut pas aussi bien du président John Adams, et se vit accusé, sans ombre de raison, d'avoir été envoyé aux États-Unis par le Directoire pour travailler à livrer la Louisiane à la France. Dans le même temps, il fut très-vivement attaqué pour ses opinions par le célèbre docteur Priestley, à qui la Convention avait fait l'honneur de décerner le titre de citoyen français, mais qui n'en maltraita pas moins l'auteur des *Ruines*. Fatigué de toutes ces tracasseries, Volney renonça à l'idée de se fixer en Amérique et prit le parti de rentrer en France. Il y rapportait un trésor d'observations qu'il avait recueillies sur les institutions et les mœurs de ce pays, en même temps que sur le sol et le climat; mais il ne jugea à propos d'en publier que la dernière partie.

Pendant son séjour en Amérique, l'Institut de France avait été fondé (25 octobre 1795), et Volney en avait été nommé membre. Il y siégea à son retour.

Il avait connu en Corse Bonaparte, alors simple officier d'artillerie, plus tard, alors que des ombrages trop bien justifiés laissaient sans emploi le jeune général et que celui-ci parlait de passer en Turquie ou en Russie, il avait contribué à le faire réintégrer. Pendant que Bonaparte commandait l'expédition d'Égypte, il publia, dans le *Moniteur*, sur cette expédition et sur le général qui la dirigeait, un article dont celui-ci le félicita vivement à son retour. On a dit que le jugement qu'il avait porté dès le début sur le jeune officier d'artillerie est un de ceux qui montrent le plus à quel haut degré il portait le génie de l'observation. Ce jugement, il l'exprimait ainsi, dit-on, au moment où il apprit que le commandement de l'armée d'Italie venait d'être confié à Bonaparte : « Pour peu que les circonstances le secondent, ce sera la tête de César sur les épaules d'Alexandre. » Mais comment, s'il avait si bien deviné le futur César, put-il, lui l'ami de la liberté, seconder de tous ses efforts l'auteur du 18 Brumaire. Il faut qu'il se soit fait ici illusion, comme Chénier, Cabanis, Daunou et tant d'autres ; ou que, s'il n'a pas manqué de clairvoyance, il ait manqué de fermeté. A vrai dire, le ressort était brisé en lui. Il ne manqua point pourtant de désintéressement et d'indépendance. Au lendemain du coup d'État de Brumaire, Bonaparte, suivant ce système de corruption qu'il pratiquait si largement, lui envoya un superbe attelage ; Volney refusa ce présent. Quelques mois plus tard, le Premier consul lui ayant fait offrir par un de ses aides de camp le ministère de l'intérieur, il le refusa ne voulant pas, dit-il, s'atteler à un char que le cocher voudrait conduire trop vite et qui trouverait en lui un cheval rétif. Mais, ajoute un de ses biographes, Adolphe Bossange (dont j'ai pris la notice pour base de ce travail, à cause de son exactitude, mais dont je suis loin d'adopter tous les jugements), « il fut aussi flatté que surpris d'être appelé à siéger sur la chaise curule, croyant voir dans le sénat conservateur un autel sur lequel on alimenterait le feu de la liberté. » Une telle illusion, il faut en convenir, aurait été bien naïve chez un esprit aussi sagace. Il est plus naturel de supposer que Volney manqua de l'énergie nécessaire pour repousser cet autel, qui n'était pas celui de la liberté, mais de la servitude. Plus d'une fois, il est vrai, dans ce sénat si servile, il fit acte d'indépendance : c'est ainsi qu'il se montra hostile au Concordat, à l'expédition de Saint-Domingue, à la substitution de l'Empire au Consulat; c'était bien, mais ce n'était pas assez : il aurait fallu être jusqu'au bout fidèle à ses principes en repoussant tout lien avec le despotisme. Il eût été beau de voir un disciple de la philosophie du XVIIIe siècle, un des premiers coopérateurs de la Révolution, un ami de Franklin et de Mirabeau, opposer au césarisme triomphant un véto absolu et inébranlable, au lieu de le chicaner sur quelques points. Quoi! était-ce là que devaient aboutir cette généreuse philosophie et cette grande Révolution, tant de travaux, tant de luttes, tant de sang versé ! « Non, nous ne reconnaissons pas en toi, ô César, le fruit de nos œuvres, et nous ne voulons rien de toi; » voilà le seul langage qui eût été digne de Volney.

Je sais qu'au moment où se proclamait l'Empire, il envoya sa démission au nouvel empereur et au sénat; mais, outre que cette démission était bien tardive (car quelle différence essentielle y avait-il entre le Consulat et l'Empire, entre Bonaparte et Napoléon !), je le retrouve le lendemain parmi les sénateurs venus en corps pour rendre hommage à l'empereur et lui prêter serment de fidélité. « Qu'avez-vous fait, Volney? lui dit Napoléon, qui l'avait pris à l'écart. Est-ce le signal de la résistance que vous avez voulu donner ? Pensez-vous que cette démission soit acceptée ? Si, comme vous le dites, vous désirez vous retirer dans le midi, vos congés seront prolongés tant que vous voudrez. » Quelques jours après, le sénat décida qu'il n'accepterait la démission d'aucun de ses membres. Voilà Volney « forcé, » suivant l'expression de son biographe, de reprendre sa dignité de sénateur et d'accepter un titre de *comte*. Il écrivait, à cette occasion, à l'un de ses amis :

« Je suis toujours le même, un peu comme Jean La Fontaine, prenant le temps comme il vient et le monde comme il va ; pas encore bien accoutumé à m'entendre appeler Monsieur le comte, mais cela viendra avec les bons exemples. J'ai pourtant mes armes et mon cachet, dont je vous régale : deux colonnes asiatiques ruinées, d'or, bases de ma noblesse, surmontées d'une hirondelle emblématique (fond d'argent), oiseau voyageur, mais fidèle, qui chaque année vient sur ma cheminée chanter le printemps et la liberté. »

Malheureusement la liberté n'était plus alors qu'un regret, et elle n'apparaissait pas encore comme une espérance. Sachons gré du moins à Volney de s'être tenu à l'écart de l'orgie impériale. Ne voulant plus reparaître sur la scène politique, il se retira à la campagne, où il reprit les travaux historiques et philologiques qui avaient occupé et charmé sa jeunesse, se plongeant particulièrement dans les langues orientales et cherchant à en simplifier l'étude. L'année même où s'écroulait l'Empire (1814), il publiait de nouvelles *Recherches sur l'histoire ancienne*, où il avait repris et rectifié les premiers travaux de sa jeunesse. Il vécut encore quelques années, et mourut en pleine Restauration, le 25 avril 1820, à l'âge de 63 ans.

Tel fut Volney, ami de la liberté, mais ami trop faible et trop tôt découragé. Il était d'ailleurs simple dans ses mœurs, modeste, bienfaisant à l'égard des pauvres et des gens de lettres. Il eut quelques-unes des vertus du xviiie siècle, mais il lui manqua cette constance inébranlable et cette pointe d'héroïsme sans lesquelles l'ouvrier de la pensée et du progrès se lasse avant l'heure et ne fonde rien de grand. Il est vrai que sa doctrine morale ne comportait guère ces hautes vertus. C'est ce que montrera la prochaine leçon, où nous étudierons en Volney le moraliste.

DIXIÈME LEÇON

VOLNEY

(SUITE ET FIN)

LE MORALISTE

Après avoir raconté la vie de Volney, il nous reste à examiner sa philosophie morale et politique. Cette philosophie est développpée ou résumée en deux ouvrages importants, dont j'ai marqué la place dans la biographie de l'auteur, mais qu'il nous faut maintenant reprendre pour les étudier : *Les Ruines, ou Méditations sur les Révolutions des Empires*, livre publié en 1791, au moment où l'Assemblée constituante, dont Volney était membre, faisait place à la Législative, où il ne pouvait être appelé à siéger ; et le *Catéchisme du citoyen français*, publié par Volney en 1793, à son retour de la Corse et avant son emprisonnement. Ce dernier ouvrage est, comme vous le verrez, destiné à servir de complément au premier ; mais celui-ci lui est infiniment supérieur, non-seulement par le mérite de la forme, mais encore par l'enthousiasme révolutionnaire qui l'anime et en relève la doctrine fondamentale. Aussi est-ce celui sur lequel je m'arrêterai avec le plus de complaisance.

Le but poursuivi par l'auteur se montre déjà dans l'invocation aux ruines par où s'ouvre l'ouvrage. Ce ne sont pas de stériles contemplations, mais des leçons utiles qu'il leur demande. Voici en effet comment se termine cette invocation :

« Ah ! quand le songe de la vie sera terminé, à quoi auront servi ses agitations si elles ne laissent la trace de l'*utilité ?* O ruines, je retournerai vers vous prendre vos leçons Je me replacerai dans la paix de vos solitudes ; et là, éloigné du spectacle affligeant des passions, j'aimerai les hommes sur des souvenirs; *je m'occuperai de leur bonheur, et le mien se composera de l'idée de l'avoir hâté.* »

Il s'agissait donc pour Volney de travailler au bonheur des hommes par ce livre des *Ruines*, comme il y travaillait dans le même temps par ses actes en qualité de législateur.

Mais quelles sont ces leçons utiles qu'il veut tirer du spectacle des ruines sur lesquelles il médite ? C'est ce que nous indiquent nettement ces paroles du chap. IV :

« Je demanderai à la science des législateurs par quels mobiles s'élèvent et s'abaissent les empires; de quelles causes naissent la prospérité et les malheurs des nations ; *sur quels principes enfin doivent s'établir la paix des sociétés et le bonheur des hommes.* »

Préoccupation du bonheur des hommes dans l'état social et recherche des principes les plus propres à l'assurer, telle était précisément l'idée que Volney avait portée partout avec lui dans son exploration de l'Egypte et de la Syrie, comme il le rappelle au chapitre 1ᵉʳ, intitulé *le voyage :*

« Portant toute mon attention sur ce qui concerne *le bonheur des hommes dans l'état social*, j'entrais dans les villes et j'étudiais les mœurs de leurs habitants; je pénétrais dans les palais, et j'observais la conduite de ceux qui gouvernent;

je m'écartais dans les montagnes, et j'examinais la condition des hommes qui cultivent. »

Mais quel spectacle s'offrait à ses regards et à ses méditations ? Il ne voyait « partout que brigandage et dévastation, partout que tyrannie et misère ; » et cela en des lieux où avaient fleuri jadis de grands empires et des cités opulentes, comme Palmyre, dont les ruines firent sur lui une impression qu'il a si admirablement décrite :

« Et j'arrivai à la ville de *Hems*, sur les bords de l'Oronte ; et là, me trouvant rapproché de celle de *Palmyre*, située dans le désert, je résolus de connaître par moi-même ses monuments si vantés; et après trois jours de marche dans des solitudes arides, ayant traversé une vallée remplie de grottes et de *sépulcres*, tout à coup, au sortir de cette vallée, j'aperçus dans la plaine la scène de ruines la plus étonnante : c'était une multitude innombrable de superbes colonnes debout, qui, telles que les avenues de nos parcs, s'étendaient à perte de vue en files symétriques. Parmi ces colonnes étaient de grands édifices, les uns entiers, les autres demi-écroulés. De toutes parts la terre était jonchée de semblables débris, de corniches, de chapiteaux, de fûts, d'entablements, de pilastres, tous de marbre blanc, d'un travail exquis. Après trois quarts d'heure de marche le long de ces ruines, j'entrai dans l'enceinte d'un vaste édifice, qui fut jadis un temple dédié au *Soleil*, et je pris l'hospitalité chez de pauvres paysans arabes, qui ont établi leurs chaumières sur le parvis même du temple; et je résolus de demeurer pendant quelques jours pour considérer en détail la beauté de tant d'ouvrages.

« Chaque jour je sortais pour visiter quelqu'un des monuments qui couvrent la plaine; et un soir que l'esprit occupé de réflexions, je m'étais avancé jusqu'à la vallée des sépulcres, je montai sur les hauteurs qui la bordent, et d'où l'œil domine à la fois l'ensemble des ruines et l'immensité du désert. — Le soleil venait de se coucher; un bandeau rougeâtre marquait encore sa trace à l'horizon lointain des monts de la Syrie; la pleine lune à l'orient s'élevait sur un fond bleuâtre, aux planes rives de l'Euphrate; le ciel était pur, l'air calme et serein ; l'éclat mourant du jour tempérait l'horreur des ténèbres ; la fraîcheur naissante de la nuit calmait les feux de la terre embrasée, les pâtres avaient retiré leurs chameaux, l'œil n'apercevait plus aucun mouvement sur la terre monotone et grisâtre, un vaste silence régnait sur le désert ; seulement à de longs intervalles on entendait les lugubres cris de quelques oiseaux de nuit et de quelques *chacals*. L'ombre croissait, et déjà dans le crépuscule mes regards ne distinguaient plus que les fantômes blanchâtres des colonnes et des murs... Ces lieux solitaires, cette soirée paisible, cette scène majestueuse, imprimèrent à mon esprit un recueillement religieux. L'aspect d'une grande cité déserte, la mémoire des temps passés, la comparaison de l'état présent, tout éleva mon cœur à de hautes pensées. Je m'assis sur le tronc d'une colonne ; et là, le coude appuyé sur le genou, la tête soutenue sur la main, tantôt portant mes regards sur le désert, tantôt les fixant sur les ruines, je m'abandonnai à une rêverie profonde.

Ici, me dis-je, ici fleurit jadis une ville opulente ; ici fut le siège d'un empire puissant. Oui ! ces lieux maintenant si déserts, jadis une multitude vivante animait leur enceinte ; une foule active circulait dans ces routes aujourd'hui solitaires. En ces murs où règne un morne silence, retentissaient sans cesse le bruit des arts et les cris d'allégresse et de fête ; ces marbres amoncelés formaient des palais réguliers ; ces colonnes abattues ornaient la majesté des temples ; ces galeries écroulées dessinaient les places publiques...

« Et maintenant voilà ce qui subsiste de cette ville puissante, un lugubre squelette ! Voilà ce qui reste d'une vaste domination, un souvenir obscur et vain. Au concours bruyant qui se pressait sous ces portiques a succédé une solitude de mort. Le silence des tombeaux s'est substitué au murmure des places publiques. L'opulence d'une cité de commerce s'est changée en une pauvreté hideuse. Les palais des rois sont devenus le repaire des bêtes fauves ; les troupeaux parquent au seuil des temples, et les reptiles immondes habitent les sanctuaires des dieux ! »

Volney se demande quelle peut être la cause d'un tel changement et d'où viennent ces révolutions qui ont

détruit dans cette même contrée tant de cités opulentes dont il a visité le théâtre maintenant désolé, Ninive, Babylone, Persépolis, Jérusalem, Tyr, Sidon; il se demande si les empires qui fleurissent aujourd'hui ne subiront pas un jour le même sort. « Qui sait si sur les ruines de la Seine, de la Tamise ou du Zuyderzée, là où maintenant, dans le tourbillon de tant de jouissances, le cœur et les yeux ne peuvent suffire à la multitude des sensations ; qui sait si un voyageur comme moi ne s'assoiera pas un jour sur de muettes ruines, et ne pleurera pas solitaire sur la cendre des peuples et la mémoire de leur grandeur? » Est-ce donc qu'une aveugle fatalité se joue de la destinée des hommes, ou bien un Dieu mystérieux a-t-il porté contre eux un secret anathème ?

Volney feint qu'un fantôme, le génie des tombeaux et des ruines, lui apporte la réponse à ces questions; mais ce n'est là qu'une forme figurée dont il revêt sa propre pensée, qui seule nous importe ici, et que l'on peut résumer ainsi, en lui empruntant son langage : ce n'est ni la fatalité du sort, ni la malédiction divine qu'il faut accuser; c'est l'homme même. « La source de ses calamités n'est point reculée dans les cieux : elle est près de lui sur la terre ; elle n'est point cachée au sein de la divinité : elle réside dans l'homme même ; il la porte dans son cœur. » Mais l'*ignorance* trouve plus commode de dire que tout vient d'une aveugle fatalité qui verse le mal sur la terre sans que la prudence ou le savoir puisse s'en préserver, ou que tout vient de Dieu, qui se plaît à tromper la sagesse et à confondre la raison ; et la *cupidité* ajoute : « Ainsi j'opprimerai le faible et je dévorerai les fruits de sa peine, et je dirai: *c'est Dieu qui l'a décrété, ou c'est le sort qui l'a voulu.* »

Puisque c'est l'homme même qui est l'auteur de toutes les misères sociales de l'humanité, en méconnaissant dans son ignorance ou en violant dans sa cupidité les lois de sa propre nature, il faut lui rappeler quelles sont ces lois et sa condition dans l'Univers (chap. V).

Malheureusement ces lois et cette condition, c'est à la philosophie de Condillac, ou à ce que l'on a nommé justement la *philosophie de la sensation*, parce que la sensation y est le principe primordial et unique de toute la connaissance et de toute l'activité humaines, c'est à cette superficielle, étroite et insuffisante philosophie que Volney en emprunte l'idée. Le génie qu'il fait parler est un pur condillacien. La *sensation* engendre l'*amour de soi*, ou le *désir du bien-être* et l'*aversion de la douleur*, et ces *lois essentielles et primordiales imposées à l'homme par sa nature même... sont devenues le principe simple et fécond de ce qui s'est passé dans le monde moral.*

Tel est d'abord le mobile qui retira l'homme de l'état sauvage et barbare où la nature l'avait placé, afin qu'il fût lui-même l'artisan de son bonheur (chap. VI, *État originel de l'homme*). Volney a raison de présenter l'homme comme destiné à être lui-même l'artisan de son bonheur, et de lui attribuer en un sens la qualité de *créateur* : l'homme montre, en effet, cette qualité en domptant la nature et en se transformant lui-même; mais il faut pour cela qu'il porte en lui des facultés intellectuelles et morales que la sensation peut bien éveiller, mais qu'elle ne saurait produire. Ici se révèle le vice ou l'insuffisance de la philosophie de Volney.

C'est encore le même mobile, l'amour de soi, qui a été, selon lui, le principe de la société, et ici encore se manifeste l'insuffisance du système. Volney fait de la société, qui est aussi ancienne que l'homme même, une institution ultérieure (je ne parle pas, bien entendu, de la société civile, qui est en effet une création ultérieure, mais de la société naturelle). Selon lui, toute société est un fait subséquent, résultant d'une sorte de calcul fondé sur l'expérience conformément au principe de l'amour de soi.

Mais, continue-t-il, « ce même amour de soi qui, modéré et prudent, était un principe de bonheur et de perfection, devenu aveugle et désordonné, se transforme en un poison corrupteur ; et la cupidité, fille et compagne de l'ignorance, s'est rendue la cause de tous les maux qui ont désolé la terre. »

Je suis tout prêt à accorder que l'ignorance et la cupidité sont en effet les sources principales des malheurs qui affligent les sociétés humaines ; mais quand Volney ajoute que « par elles se sont dénaturées les idées du *bien* et du *mal,* du *juste* et de l'*injuste,* du *vice* et de la *vertu,* tout en lui accordant encore cette proposition, je suis en droit d'arrêter ici le beau génie qu'il fait parler, en lui disant : vous oubliez que vous ne nous avez nullement expliqué l'origine de ces idées, ou vous vous trompez si vous croyez que votre principe de l'amour de soi suffise à les expliquer. Celui qui ne s'élèverait pas au-dessus de l'amour de soi ne saurait jamais ce que c'est que le bien moral, le juste, la vertu. Le caractère de ces idées est précisément d'être *impersonnelles,* c'est-à-dire de se rapporter à quelque autre chose qu'à notre intérêt individuel.

Volney explique l'origine des *gouvernements* et des *lois* (chap. IX), ou de la société civile, comme il a expliqué celle de la société naturelle, par le principe de l'amour de soi. De même que l'amour de soi a poussé les hommes à vivre en société, de même il les pousse plus tard à établir des lois et un gouvernement au moyen desquels chacun assure ses jouissances en respectant celles d'autrui. C'est ainsi que la cupidité trouve son correctif dans l'*amour éclairé de soi-même*.

Cette origine déduite, l'auteur pose en principe que si un empire prospère, c'est que les *lois de convention* y sont conformes aux *lois de la nature;* c'est que le gouvernement y procure aux hommes l'usage respectivement libre de leurs facultés, la sûreté égale de leurs personnes et de leurs propriétés. Si, au contraire, un empire tombe en ruines ou se dissout, c'est que les lois sont vicieuses ou imparfaites, ou que le gouvernement corrompu les enfreint.

Faisant ensuite aux anciens États l'application de ce principe, incontestable en soi dans son abstraction, mais beaucoup trop vague, l'auteur conclut (chap. x) que « les anciens États prospérèrent parce que les institutions sociales y furent conformes aux véritables lois de la nature, et parce que les hommes y jouissant de la liberté et de la sûreté de leurs personnes et de leurs propriétés, purent déployer toute l'étendue de leurs facultés, toute l'énergie de l'amour de soi-même. » Il y aurait bien à dire contre cette conclusion, qui est elle-même ou beaucoup trop vague, ou, si on la prend au pied de la lettre, peu exacte; les considérations historiques sur lesquelles Volney l'appuie sont de celles dont se contentaient trop aisément certains philosophes du XVIIIe siècle, qui construisaient dans leur tête une histoire de l'humanité tout à fait artificielle. Ainsi, selon notre philosophe, « dans l'enfance des nations, l'égalité originelle, à défaut de convention, maintenait la liberté des personnes, la sûreté des propriétés et produisait les bonnes mœurs et l'ordre. Chacun travaillait par soi et pour soi, et le cœur de l'homme, occupé, n'avait point de désirs coupables..... » Je n'ai pas besoin d'insister ici sur ce qu'il y a de fantastique dans cette manière de concevoir l'enfance des nations : cela saute aux yeux; mais on est étonné de rencontrer de telles naïvetés historiques chez un homme qui avait recherché, sur les lieux mêmes où ils avaient vécu, les traces des anciens peuples, et qui possédait d'ailleurs incontestablement certaines qualités de l'historien.

Lorsque des causes générales de la prospérité des anciens Etats Volney passe à celles des révolutions qui les renversèrent, ce nouveau chapitre (IX) présente le même défaut que le précédent : il substitue des explications abstraites, ou tirées d'une conception historique artificielle, aux explications qui se fondent sur l'étude de la nature humaine considérée dans sa réalité concrète, ou sur celle de l'histoire même des peuples telle qu'elle peut être reconstruite à l'aide de documents positifs. C'est ainsi qu'il regarde le despotisme comme étant toujours l'effet de la décadence des Etats (ce qui est vrai pour les Etats civilisés qui ont joui de la liberté, comme Athènes et Rome), tandis que cette forme de gouvernement remonte souvent à l'origine des Etats eux-mêmes, dont elle semble avoir été la constitution normale (comme l'empire assyrien, l'empire perse, etc.). C'est ainsi encore qu'il présente les religions positives comme une œuvre tout artificielle, créée par « des imposteurs sacrés » pour abuser de la crédulité des hommes gnorants, méconnaissant ainsi les instincts religieux de la nature humaine et le rôle de l'imagination spontanée éveillée par ces instincts. C'est ainsi enfin que, dans le même ordre d'idées, tout en relevant avec vivacité et souvent avec beaucoup de vérité les maux et les erreurs engendrés par la superstition, il s'arrête à des explications insuffisantes ou fausses et ne voit pas les raisons des choses. Il est très-bon d'attaquer les erreurs et les maux produits par la superstition : à cet égard la philosophie du XVIII° siècle avait beaucoup à faire, et l'on ne peut malheureusement pas dire que son rôle soit aujourd'hui tout-à-fait terminé; mais, en se plaçant au point de vue de l'histoire, j'entends d'une histoire philosophique, cherchant ce que je viens d'appeler les raisons des choses, on trouverait à l'origine de beaucoup d'institutions et de coutumes religieuses autre chose que le *mensonge* et l'*iniquité*.

Mais, si la sagacité de Volney est souvent en défaut à l'endroit de l'histoire des anciens peuples, de leurs institutions et de leurs mœurs, parce qu'il ne voit cette histoire qu'à travers certaines idées préconçues, en revanche elle s'exerce parfois admirablement quand, au lieu de tourner ses regards vers le passé, il les porte sur le présent et sur l'avenir. Ainsi, dans le chapitre où il veut montrer les *leçons du temps passé répétées sur les temps présents*, il trace un tableau, aussi vrai que saisissant, des désordres et des maux qui l'avaient frappé dans l'empire turc et l'avaient transporté d'indignation : la concussion des pachas, la rapine exercée par tous les fonctionnaires à la suite, l'abandon des campagnes, la détresse des villes, la dépopulation, la ruine, etc.; et il en conclut la chute de cet empire. « L'arrêt est porté, s'écrie-t-il; le jour approche où ce colosse de puissance, brisé, s'écroulera sous sa propre masse. Oui, j'en jure par les ruines de tant d'empires détruits, *l'Empire du croissant* subira le sort des États dont il a imité le régime. » La prédiction de Volney ne s'est pas encore réalisée ; mais elle se confirme chaque jour davantage, et il n'y a plus guère personne qui doute que l'empire ottoman ne marche à sa ruine [1]. Seulement les complications que doit soulever la chute de cet empire ont pour effet de la retarder, et, en effet, ces complications forment un des plus graves problèmes qui s'imposent à la politique du XIX⁹ siècle. Mais laissons la politique, comme nous avons laissé l'histoire, pour rentrer avec Volney lui-même dans la philosophie.

L'auteur des *Ruines*, qui croit pouvoir prédire la chute de l'empire ottoman, s'élève de là au problème

---

1. Voici ce que l'année même où je prononçais cette leçon, écrivait un juge compétent, M. Beulé, dans un article de la *Revue des deux mondes* sur *la Crète et la question d'Orient* (15 janvier 1867) : « L'empire turc s'affaisse de toute parts ; plus l'Europe intervient pour le soutenir, plus elle publie qu'il est impuissant, plus les races diverses qui le composent s'éveillent, se comptent, s'organisent. Le royaume de Grèce est un foyer d'agitation parce qu'il faut qu'il s'agrandisse ou qu'il meure ; les îles de l'archipel sont toujours prêtes à se soulever ; l'Épire et la Thessalie seraient déjà debout, si on ne les avait désarmées en 1854... Les Albanais réclament leur autonomie, et ceux qui pratiquent l'islamisme professent contre les Turcs une haine aussi ardente que ceux qui sont restés chrétiens. La Syrie a failli obtenir en 1860 un chef national ; Tunis ne paie même plus un tribut dérisoire ; l'Egypte aurait depuis longtemps rompu le lien qui l'attache à la Porte, si l'Angleterre ne le resserrait avec effort ; la Moldavie et la Valachie, en choisissant un prince dans la famille des Hohenzollern, sont entrées dans le courant européen ; elles ont signifié de fait leur séparation au sultan. Enfin il n'est pas dans le monde un esprit sérieux qui ne reconnaisse que la Turquie se dissout et qu'une crise suprême se prépare en Orient. »

philosophique que soulève dans l'esprit moderne le spectacle de la chute successive des empires : tous les peuples sont-ils destinés à périr, ou *l'espèce humaine s'améliorera-t-elle* (chap. XIII)? Ce problème est un de ceux qu'a posés la philosophie du XVIII° siècle, et l'on sait dans quel sens elle l'a résolu : elle n'a point hésité à affirmer le progrès en dégageant cette loi de la nature de l'homme et de l'histoire même. C'est aussi en ce sens que Volney résout à son tour la question ; mais il faut ici le laisser parler :

« Depuis trois siècles surtout, les lumières se sont accrues, propagées ; la civilisation, favorisée de circonstances heureuses, a fait des progrès sensibles ; les inconvénients mêmes et les abus ont tourné à son avantage ; car si les conquêtes ont trop étendu les États, les peuples, en se réunissant sous un même joug, ont perdu cet esprit d'isolement et de division qui les rendait tous ennemis ; si les pouvoirs se sont concentrés, il y a eu dans leur gestion plus d'ensemble et plus d'harmonie ; si les guerres sont devenues plus vastes dans leurs masses, elles ont été moins meurtrières dans leurs détails ; si les peuples y ont porté moins de personnalité, moins d'énergie, leur lutte a été moins sanguinaire, moins acharnée ; ils ont été moins libres, mais moins turbulents ; plus amollis, mais plus pacifiques. Le despotisme même les a servis ; car si les gouvernements ont été plus absolus, ils ont été moins inquiets et moins orageux ; si les trônes ont été des propriétés, ils ont excité, à titre d'héritages, moins de discussions, et les peuples ont eu moins de secousses ; si enfin les despotes, jaloux et mystérieux, ont interdit toute connaissance de leur administration, toute concurrence au maniement des affaires, les passions écartées de la carrière politique se sont portées vers les arts, les sciences naturelles, et la sphère des idées en tout genre s'est agrandie : l'homme, livré aux études abstraites, a mieux saisi sa place dans la nature, ses rapports dans la société ; les principes ont été mieux discutés, les fins mieux connues, les lumières plus répandues, les individus plus instruits, les mœurs plus sociales, la vie plus douce; en masse, l'espèce, surtout dans certaines contrées, a sensiblement gagné; et cette amélioration ne peut que s'accroître, parce que ses deux principaux obstacles, ceux-là mêmes qui l'avaient rendue jusque-là si lente et quelquefois rétrograde, la difficulté de transmettre et de communiquer rapidement les idées, sont enfin levés. »

A cette amélioration progressive de l'espèce humaine qu'il vient de déduire de l'histoire même du passé, Volney donne pour couronnement dans l'avenir la réalisation de cette idée du règne du droit substitué à celui de la force dans les rapports des peuples entre eux, c'est-à-dire du règne de la paix substitué à celui de la guerre, qui est le dernier but de la civilisation. Cette idée, qui a été une des grandes conceptions de la philosophie du XVIIIe siècle et dont Kant devait tracer la théorie quelques années plus tard [1], est ici exprimée en des termes parfaitement nets :

« Et il s'établira de peuple à peuple un équilibre de forces qui, les contenant tous dans leurs droits réciproques, fera cesser leurs barbares usages de guerre, et soumettra à *des voies civiles le jugement de leurs contestations;* et l'espèce entière deviendra une *grande société*, une même famille gouvernée par un même esprit, par de communes lois, et jouissant de toute la félicité dont la nature humaine est capable. »

Mais, en même temps qu'il ouvre à l'humanité cette magnifique perspective, Volney signale (chap. IV) un très-grand obstacle à ce perfectionnement dans les préjugés dont les divers systèmes religieux nourrissent les esprits et dans « l'interdiction de l'examen » ou dans « l'abnégation de notre propre

---

1. V. mon livre : *La morale dans la démocratie*, dernière leçon.

jugement » qui est le premier article de toutes les religions. Toutefois, quelque grand que soit cet obstacle et quelques entraves que l'ignorance et les passions des hommes opposent à leur perfectionnement, l'auteur ne désespère pas ; et, tout plein de l'esprit qui agitait la France et une grande partie de l'Europe au moment où il écrivait, il annonce le siècle nouveau (chap. VI). Mettant en présence, d'un côté, les privilégiés, nobles, prêtres, ou ce qu'il appelle le *petit groupe*, et de l'autre, le peuple, laboureurs, artisans, marchands, professions laborieuses et studieuses, ou ce qu'il appelle le *grand groupe*, et opposant les droits de celui-ci aux illégitimes prétentions de celui-là, il conclut ainsi :

« Et alors le petit groupe dit : *Tout est perdu*, la multitude est éclairée. Et le peuple répondit : *Tout est sauvé* ; car si nous sommes éclairés, nous n'abuserons pas de notre force, nous ne voulons que nos droits. Nous avons des ressentiments, nous les oublions ; nous étions esclaves, nous pourrions commander ; nous ne voulons qu'être libres, et la *liberté* n'est que la *justice*. »

Volney nous montre alors ce peuple libre, affranchi de ses parasites et de ses oppresseurs, déléguant ses pouvoirs à quelques hommes choisis et se faisant ainsi lui-même *législateur* par le moyen de ses représentants (chap. XVI). C'est ici le commentaire philosophique ou la théorie idéale de la Révolution française, de l'institution de l'Assemblée constituante et de la *Déclaration des droits de l'homme et du citoyen*. N'est-ce pas en effet l'esprit même de cette Révolution que Volney exprime dans le passage suivant, qui pour cette raison mérite d'être cité :

« Et ce peuple, ayant choisi dans son sein une troupe

nombreuse d'hommes qu'il jugea propres à son dessein, il leur dit : « Jusqu'ici nous avons vécu en une *société* formée *au hasard*, sans *clauses fixes*, sans conventions libres, sans stipulations de droits, sans engagements réciproques; et une foule de désordres et de maux ont résulté de cet état précaire. Aujourd'hui nous voulons, de dessein réfléchi, former un contrat régulier; et nous vous avons choisis pour en dresser les articles : examinez donc avec maturité quelles doivent être ses bases et ses conditions; recherchez avec soin *quel est le but*, quels sont les principes *de toute association;* connaissez les *droits* que chaque membre y porte, les facultés qu'il y *engage*, et celles qu'il y doit conserver; tracez-nous des *règles* de conduite, des *lois* équitables; dressez-nous un système nouveau de gouvernement; car nous sentons que les principes qui nous ont guidés jusqu'à ce jour sont vicieux. Nos pères ont marché dans des sentiers d'*ignorance*, et l'*habitude* nous a égarés sur leurs pas; tout s'est fait par violence, par fraude, par séduction, et les vraies lois de la morale et de la raison sont encore obscures; démêlez-en donc le chaos, découvrez-en l'enchaînement, publiez-en le code, et nous nous y conformerons.... Mais souvenez-vous que vous êtes nos semblables; que le pouvoir que nous vous conférons est à nous; que nous vous le donnons en dépôt, non en propriété ni en héritage; que les lois que vous ferez, vous y serez les premiers soumis; que demain vous redescendrez parmi nous, et que nul droit ne vous sera acquis que celui de l'estime et de la reconnaissance. Et pensez de quel tribut de gloire l'univers qui révère *tant d'apôtres d'erreurs* honorera la *première assemblée d'hommes raisonnables* qui aura solennellement déclaré les principes immuables de la justice, et consacré, à la face des tyrans, les droits des nations. »

C'est encore le même esprit que commente Volney lorsqu'il appelle la *liberté*, en vertu de laquelle tout individu est le maître absolu de sa personne, et l'*égalité*, qui fait que tous ont les mêmes droits, *deux attributs essentiels de l'homme*, ou *deux lois de la Divinité inabrogeables et constitutives*, et qu'il y place le *principe nécessaire et régénérateur* de toute loi et de tout système de gouvernement régulier (chap. XVII).

Il faut lire encore toute la fin de ce chapitre, qui respire l'enthousiasme du temps et nous représente une image saisissante de deux des plus grandes journées de la Révolution : la nuit du 4 août 1789, où les privilégiés firent l'abandon de leurs prérogatives, et la fédération du Champ de Mars (14 juillet 1790), cette grande fête en l'honneur de la nouvelle Constitution :

« Mais observez qu'il en résultera une grande secousse dans vos habitudes, dans vos fortunes, dans vos préjugés. Il faudra dissoudre des contrats vicieux, des droits abusifs; renoncer à des distinctions injustes, à de fausses propriétés; rentrer enfin un instant dans l'état de la nature. Voyez si vous saurez consentir à tant de sacrifices.

« Alors, pensant à la *cupidité* inhérente au cœur de l'homme, je crus que ce peuple allait renoncer à toute idée d'amélioration.

« Mais, dans l'instant, une foule d'hommes généreux et des plus hauts rangs, s'avançant vers le trône, y firent abjuration de *toutes leurs distinctions* et de *toutes leurs richesses :* « Dictez-nous, dirent-ils, les lois de l'*égalité* et de *la liberté;* nous ne voulons rien posséder qu'au titre sacré de la *justice*. *Egalité, justice, liberté*, voilà quel sera désormais notre code et notre étendard. »

« Et sur le champ le peuple éleva un drapeau immense, inscrit de ces trois mots, auxquels il assigna *trois couleurs*. Et l'ayant planté sur le siége du législateur, l'étendard de la *justice universelle* flotta pour la première fois sur la terre; et le peuple dressa en avant du siége un *autel nouveau*, sur lequel il plaça une balance d'or, une épée et un livre, avec cette inscription :

A LA LOI ÉGALE, QUI JUGE ET PROTÉGE.

« Puis, ayant environné le siége et l'autel d'un amphithéâtre immense, cette nation s'y assit tout entière pour entendre la publication de la loi. Et des millions d'hommes, levant à la fois les bras vers le ciel, firent le serment solennel de vivre *libres et justes, de respecter leurs droits réciproques, leurs propriétés, d'obéir à la loi et à ses agents régulièrement préposés.*

« Et ce spectacle si imposant de force et de grandeur, si touchant de générosité, m'émut jusqu'aux larmes ; et m'adressant au Génie : « Que je vive maintenant, lui dis-je, car désormais je puis espérer. »

Tout cela est presque de l'histoire. C'est encore de l'histoire que cet effroi qui s'empare des despotes dès que le cri solennel de la liberté et de l'égalité a retenti sur la terre, et cette ligue formée contre l'ennemi commun (chap. XVIII, *Effroi et conspiration des tyrans*). Mais l'histoire s'arrête là. Volney la couronne par une fiction : il suppose les peuples mettant bas les armes et formant une assemblée générale où tous les systèmes religieux sont débattus solennellement et où *le sens naturel de toute l'espèce* est appelé à servir d'arbitre et de juge (chap. XIX, *Assemblée générale des peuples.*)

Je ne suivrai pas l'auteur des *Ruines* dans cette controverse où il met en présence tous les systèmes religieux (chap. XX, *La recherche de la vérité*), les oppose les uns aux autres (XXI, *Problème des contradictions religieuses*), établit à sa manière l'*origine et la filiation de ces systèmes*, qu'il ramène à un certain nombre de types (XXII). Je laisse de côté toute cette partie de son livre, parce qu'elle n'est pas directement de mon sujet et qu'elle demanderait d'ailleurs, pour être convenablement exposée et discutée, des développements où je ne puis entrer ; mais je ne saurais fermer ce livre sans dire quelque chose de la *solution* donnée par Volney au problème des contradictions religieuses (chap. XXIV et dernier), parce que cette solution contient une conclusion pratique

13.

très-répandue au xviiie siècle, encore en faveur de nos jours chez beaucoup d'esprits bien intentionnés, mais qui mérite examen.

Cette conclusion, c'est que, « pour vivre en concorde et en paix, » il faut consentir à « ne point prononcer sur des objets qui ne peuvent être rapportés au témoignage et soumis à l'examen des sens, » et « ne leur attacher aucune importance. »

Ainsi le *doute* et l'*indifférence* à l'endroit des objets de la religion et de la métaphysique, voilà pour Volney les seuls moyens de faire régner parmi les hommes la concorde et la paix. Il développe la même idée à la fin de sa réponse au docteur Priestley :

« L'esprit de certitude et de croyance fixe, bornant nos progrès à une première opinion reçue, nous enchaîne au hasard, et pourtant sans retour, au joug de l'erreur ou du mensonge, et cause les plus graves désordres dans l'état social; car, se combinant avec les passions, il engendre le fanatisme, qui, tantôt de bonne foi et tantôt hypocrite, toujours intolérant et despote, attaque tout ce qui n'est pas lui, se fait persécuter quand il est faible, devient persécuteur quand il est fort, et fonde une religion de terreur qui anéantit toutes les facultés et démoralise toutes les consciences, tellement que, soit sous l'aspect politique, soit sous l'aspect religieux, l'*esprit de doute* se lie aux idées de *liberté*, de *vérité*, de *génie*, et l'*esprit de certitude* aux idées de *tyrannie*, d'*abrutissement* et d'*ignorance*. »

C'est là, je le répète, une opinion commune à beaucoup de philosophes du xviiie siècle, et cette opinion est le fruit des persécutions et des calamités de tout genre que les querelles religieuses et métaphysiques ont engendrées parmi les hommes durant tant de siècles : frappés et indignés de tant d'horreurs, ils pensèrent qu'ils en tariraient la source en supprimant les questions mêmes qui avaient donné lieu à ces querelles et par suite à ces violences ; quelques-uns même (comme l'abbé de St-Pierre [1]), allèrent jusqu'à demander que l'autorité civile en interdît la discussion, tournant ainsi le dos à leur propre principe : la liberté des opinions. Mais, outre qu'en thèse générale il est très-contestable qu'il n'y ait pour l'homme de certitude possible qu'à l'égard des objets qui peuvent être soumis à l'examen des sens, on ne fera jamais que l'esprit humain n'attache, comme le veut Volney, *aucune importance* aux questions religieuses ou métaphysiques. Les hommes ne dussent-ils jamais arriver sur ces questions à l'unanimité d'opinion, qui est la marque extérieure de la certitude, ils ne cesseront jamais d'en poursuivre la solution ou au moins de les agiter ; car ces questions, un esprit vraiment philosophique les retrouve inévitablement au bout de toutes ses recherches. Ce sont les plus hautes et les plus sublimes de toutes ; c'est la gloire de l'esprit humain, sinon de les résoudre, au moins de les poser ; et c'est vouloir le rabaisser que de lui retrancher ces nobles méditations. Ce n'est donc pas dans le moyen proposé par Volney, l'indifférence, qu'il faut chercher le remède aux maux qu'il veut éviter. Ce remède, il est dans le principe même de la liberté de penser, bien compris. Une fois admis ce principe, c'est-à-dire le droit pour chacun de juger par soi-même et de ne déterminer son esprit que par des raisons tirées de lui-même, au lieu de le soumettre aveuglément à une autorité extérieure, la divergence des opinions n'a plus rien de dangereux ; elle est elle-même le

---

1. V. *Histoire des idées morales et politiques en France au* XVIIIᵉ *siècle*, t. Iᵉʳ, p. 71.

fruit de la liberté de penser et le signe de la fécondité de l'esprit humain. Quand même certains se croiraient en possession de la vérité absolue, qu'importe ? pourvu qu'en admettant le principe du libre examen, ils ne prétendent pas contraindre les autres à penser comme eux. Ce principe peut très-bien se concilier avec l'énergie des convictions. Voilà ce que Volney et beaucoup d'autres avec lui n'ont pas vu et ce qu'il importe de rétablir. Il rentre dans le vrai quand il ajoute qu'il faut ôter *tout effet civil* aux opinions théologiques et religieuses ; mais cette vérité est tout-à-fait indépendante des assertions sur lesquelles il la fonde et dont il la donne comme la conséquence.

Les dernières lignes du livre des *Ruines* nous conduisent au *Catéchisme*, qu'il nous reste à examiner, et qui est comme le complément de cet ouvrage :

« Alors le législateur ayant repris la recherche et l'examen des attributs physiques et constitutifs de l'homme, des mouvements et des affections qui le régissent dans l'état *individuel et social*, développa en ces mots les lois sur lesquelles la nature elle-même a fondé son bonheur. »

Le livre des *Ruines* s'arrête sur ces paroles ; mais le *Catéchisme du citoyen français*, publié en 1793, comble la lacune laissée par ce livre.

Malheureusement nous ne retrouverons plus ici ce souffle d'enthousiasme que nous avons remarqué dans l'ouvrage précédent et qui le relève si bien parfois ; nous n'y trouverons même pas ces généreuses inconséquences que nous avons rencontrées dans le *Catéchisme* de St-Lambert, et je regrette d'avoir à finir par là cette étude et tout ce cours. Je ne saurais éviter cet inconvénient, qui m'est imposé par la nature même de mon sujet ; mais en revanche nous recueillerons ici un utile enseignement.

Le caractère du catéchisme de Volney est indiqué par les termes mêmes du titre qu'il lui donne, (comme il l'était davance par les dernières lignes des *Ruines*) : *La loi naturelle, ou principes physiques de la morale, déduits de l'organisation de l'homme et de l'univers.*

Il s'agit de déduire les principes de la morale de l'organisation (physique) de l'homme et de la fonder ainsi sur des principes *physiques*. En la ramenant de cette façon à des faits dont la démonstration puisse sans cesse se renouveler aux sens, Volney a pour but de l'affranchir du joug et des variations des systèmes religieux ou métaphysiques, et d'en composer une science aussi précise et aussi exacte que la géométrie et les mathématiques. Or, je répète ce que j'ai déjà dit au sujet du catéchisme de Volney, il est très-bien de vouloir fonder la morale sur la nature de l'homme et de travailler à en faire ainsi une science précise et universelle ; seulement il ne faudrait pas commencer par mutiler cette nature en la bornant aux *faits physiques* et en commençant par en retrancher précisément les seuls faits qui puissent servir de fondement à la morale, les *faits moraux*.

Il n'est que trop vrai que pour Volney la *loi morale* se confond absolument avec la *loi physique* : la première n'est que la seconde convertie en règle de notre conduite et de nos mœurs. Écoutez ce passage, qui montre bien cette confusion :

« C'est une loi de la nature que l'eau coule de haut en bas ; qu'elle cherche son niveau ; qu'elle soit plus pesante que l'air ; que tous les corps tendent vers la terre, que la flamme s'élève vers les cieux ; qu'elle désorganise les végétaux et les animaux ; que l'air soit nécessaire à la vie de certains animaux ; que, dans certaines circonstances, l'eau les suffoque et les tue ; que certains sucs de plantes, certains minéraux attaquent leurs organes, détruisent leur vie, et ainsi d'une foule d'autres faits. Or, parce que tous ces faits et leurs semblables sont immuables, constants, réguliers, il en résulte pour l'homme autant de véritables *ordres* de s'y conformer avec la clause expresse d'une peine attachée à leur infraction, ou d'un bien-être attaché à leur observation ; de manière que si l'homme prétend voir clair dans les ténèbres, s'il contrarie la marche des saisons, l'action des climats ; s'il prétend vivre dans l'eau sans se noyer, toucher la flamme sans se brûler, se priver d'air sans s'étouffer, boire des poisons sans se détruire, il reçoit de chacune de ces infractions aux lois naturelles une punition corporelle et proportionnée à sa faute ; — qu'au contraire, s'il observe et pratique chacune de ces lois dans les rapports exacts et réguliers qu'elles ont avec lui, il conserve son existence et la rend aussi heureuse qu'elle peut l'être ; et parce que toutes ces lois, considérées relativement à l'espèce humaine, ont pour but unique et commun de la conserver et de la rendre heureuse, on est convenu d'en rassembler l'idée sous un même mot, et de les appeler collectivement la *loi naturelle*.

Ai-je besoin de rétablir la distinction effacée ici par Volney ? Un exemple me suffira pour relever l'erreur où il tombe. Je suppose qu'un chimiste se tue en faisant des expériences par lesquelles il se propose de faire avancer la science et d'être utile à ses semblables ; il a enfreint les lois de la nature dans leur rapport à sa conservation, et il est puni de son dévouement (de son imprudence, dira peut-être Volney) ; est-ce qu'il a manqué à aucune loi morale ? Ou au contraire, est-ce qu'il n'a pas obéi à une loi supérieure en cultivant la science au risque d'y exposer sa vie ?

Cette confusion, ou plutôt cette absorption de l'élément moral dans l'élément physique est partout dans le catéchisme de Volney ; elle en forme en quelque sorte la base. La langue distingue pourtant entre le mal ou le bien physique et le mal ou le bien moral ; voulez-vous savoir comment Volney explique cette distinction ? écoutez-ceci :

Demande. Qu'entend-on par mal et bien physique, mal et bien moral?

Réponse. On entend par ce mot *physique* tout ce qui agit immédiatement sur le corps : la *santé* est un *bien physique;* la *maladie* est un *mal physique.* Par *moral*, on entend que ce qui n'agit que par des conséquences plus ou moins prochaines : la calomnie est un *mal moral*, la bonne réputation est un *bien moral*, parce que l'une et l'autre occasionnent à notre égard des dispositions et des habitudes de la part des autres hommes qui sont utiles ou nuisibles à *notre conservation* et qui attaquent ou favorisent nos moyens d'existence.

Ainsi en définitive le bien ou le mal moral ne se distingue pas du bien ou du mal physique, et le premier, comme le second, se ramène à un principe fondamental et unique : *la conservation de soi-même.*

« C'est de ce principe simple et fécond que dérivent, c'est à lui que se rapportent, c'est sur lui que se mesurent toutes les idées de *bien* et de *mal*, de *vice* et de *vertu*, de *juste* et d'*injuste*, de *vérité* et d'*erreur*, de *permis* ou de *défendu* qui fondent la morale de l'homme individuel et de l'homme social (chap. III). »

Tout le reste du catéchisme de Volney n'est que le développement très-logique de ce système qui consiste à tout ramener non-seulement à l'utilité personnelle, mais à l'utilité physique, à la conservation du corps. Je n'exagère rien ; c'est Volney lui-même qui le dit :

« Est-ce que la vertu et le vice n'ont pas un objet purement spirituel et abstrait des sens ? Non, c'est toujours à un *but physique* qu'ils se rapportent en dernière analyse, et ce but est toujours de *détruire* ou de *conserver le corps.* »

Il serait trop long et souverainement fastidieux de parcourir, pour y poursuivre l'application de ce principe, toutes les vertus distinguées par Volney sous ces trois chefs : 1° *vertus individuelles*, ou relatives à l'homme seul ; 2° *vertus domestiques*, ou relatives à la famille ; 3° *vertus sociales*, ou relatives à la société. Je me bornerai à citer, à titre d'échantillons, quelques exemples choisis dans chacune de ces catégories.

I. Vertus individuelles. — D. « Le courage et la force de corps et d'esprit sont-ils des vertus dans la loi naturelle ?

R. Oui, et des vertus très-importantes ; car elles sont des moyens efficaces et indispensables de pourvoir à notre bien-être. »

Mais quoi ! si la lâcheté est pour moi le seul moyen de conserver ma vie ou mon bien-être, sera-t-elle encore un vice, ou ne deviendra-t-elle pas une vertu ?

II. Vertus de famille. — D. « En quoi la tendresse paternelle est-elle une vertu pour les parents ?

R. En ce que les parents qui élèvent leurs enfants dans ces habitudes se procurent pendant le cours de leur vie des jouissances et des secours qui se font sentir à chaque instant, et qu'ils assurent à leur vieillesse des appuis et des consolations contre les besoins et les calamités de tout genre qui assiégent cet âge. »

Il faut le reconnaître, jamais la morale de l'intérêt personnel ne s'est accusée elle-même avec autant de franchise et de naïveté.

III. Vertus sociales. — D. « Comment la charité ou l'amour du prochain est-il un précepte ?

R. Par raison d'égalité et de réciprocité ; car lorsque nous nuisons à autrui, nous lui donnons le droit de nous nuire à son tour. Ainsi, en attaquant l'existence d'autrui, nous portons atteinte à la nôtre par l'effet de la réciprocité. Au contraire, en faisant du bien à autrui, nous avons lieu et droit d'en attendre l'échange, l'équivalent, et tel est le caractère de toutes les vertus sociales d'être *utiles à l'homme qui les pratique par le droit de réciprocité* qu'elles donnent sur ceux à qui elles ont profité. »

Ainsi, dans ce cas, comme dans tous les autres, la vertu n'est qu'un calcul d'intérêt personnel, c'est-à-dire qu'elle n'est plus la vertu. D'ailleurs, comme il s'en faut que ce calcul soit toujours le plus sûr, ou comme dans beaucoup de circonstances il y aurait pour moi un grand avantage à préférer mon bien-être à celui des autres, pourquoi n'agirais-je pas de la sorte, si je n'ai d'autre règle de conduite que celle de mon intérêt personnel ?

En voilà assez pour connaître et juger le catéchisme de Volney. Il a le mérite d'être parfaitement logique depuis la première ligne jusqu'à la dernière, digne conclusion d'un tel catéchisme : « Vis pour tes semblables, *afin qu'ils vivent pour toi ;* » mais par là aussi il révèle si bien le vice de la doctrine qu'il résume, qu'il en rend en quelque sorte la réfutation inutile. Nous sommes désormais bien renseignés et bien avertis sur le compte de la morale de l'intérêt personnel. C'est au moins un service que nous rend le catéchisme de Volney.

Nous comprenons mieux aussi par là ces actes regrettables de la vie de l'auteur que j'ai racontés dans la dernière leçon. On s'explique mieux de cette manière comment, une fois tombé de l'élan que lui avait imprimé le grand mouvement de 1789, après que lui-même a été la victime de ce mouvement, il perd courage, aide à forger les chaînes qui vont garrotter son pays, et, lorsque ces chaînes lui paraissent trop lourdes, se contente de se réfugier dans une tranquille retraite avec le double titre de sénateur et de comte, « prenant, comme il le dit dans la lettre que je vous ai lue, le temps comme il vient et le monde comme il va. » Pratique bien digne en effet de son catéchisme. J'avoue même que, si quelque chose m'étonne ici, c'est que l'auteur de ce catéchisme ait su conserver encore autant de dignité en face du nouveau César. Je trouve dans ce fait un signe qui atteste qu'en lui aussi l'homme valait mieux que la doctrine ; car, dans la doctrine, où est la place de cette dignité morale que le sénateur n'abdiqua jamais entièrement et dont il donna même des preuves bien rares à l'époque du Consulat et de l'Empire ?

J'ai fini. Je n'ai point attendu la fin de ce cours pour reconnaître que les personnages qui en devaient faire l'objet n'étaient, à l'exception de Vauvenargues, que des moralistes secondaires et souvent égarés dans de fausses voies ; mais j'ai pensé que l'étude n'en serait pas moins utile et intéressante : il y a profit à étudier les erreurs où peut tomber l'esprit humain en matière de morale (on en dégage mieux soi-même la vérité), et il y a plaisir à surprendre jusque dans les mauvaises doctrines où se sont égarés les philosophes du xviii⁰ siècle que nous venons d'étudier, un esprit généreux qui vaut mieux qu'elles, cet esprit de justice et d'humanité qui animait ce siècle et aspirait à chasser des sociétés humaines la barbarie et l'iniquité léguées par l'antiquité et le moyen-âge. Je me flatte donc que ceux qui ont bien voulu me suivre ne regretteront pas le temps qu'ils ont donné à ces leçons.

FIN

TABLE DES MATIÈRES

Avant-propos..		v
Première leçon.	VAUVENARGUES. *L'homme ; sa vie.*	1
Deuxième leçon.	VAUVENARGUES.(Suite.)*Le penseur: Ses idées sur le libre arbitre et sur la distinction du bien et du mal moral..*	25
Troisième leçon.	VAUVENARGUES. (Suite et fin.) *Ses idées morales et politiques............*	49
Quatrième leçon.	DUCLOS. *L'homme : sa vie.........*	71
Cinquième leçon.	DUCLOS. (Suite et fin.) *L'homme : son caractère. — Le moraliste............*	93
Sixième leçon.	HELVÉTIUS. *L'homme : sa vie, son caractère......................*	116
Septième leçon.	HELVÉTIUS. (Suite et fin.) *Ses idées morales et politiques................*	137
Huitième leçon.	SAINT-LAMBERT. *Sa vie. — Son catéchisme universel................*	165
Neuvième leçon.	VOLNEY. *Sa vie.....................*	189
Dixième leçon	VOLNEY (Suite et fin.) *Le moraliste..*	209

ERRATUM

Page 4, ligne 24, au lieu de : xviiie *siècle, lisez :* xviie *siècle.*

Coulommiers. — Typographie A. MOUSSIN.

www.ingramcontent.com/pod-product-compliance
Lightning Source LLC
Chambersburg PA
CBHW071930160426
43198CB00011B/1341